빅데이터
비즈니스
블루오션

빅데이터 비즈니스 블루오션

BIG DATA BUSINESS BLUE OCEAN

최천규 · 김주원 지음

한국학술정보

CONTENTS

2부 누구나 할 수 있는 빅데이터 분석

<표 목차>

<그림 목차>

1부

빅데이터
비즈니스 블루오션

Ⅰ. 빅데이터가 주는 삶의 혁신

1.1 생명을 지키는 빅데이터

2차 대전 중 미군은 독일군의 공중전력 때문에 많은 피해를 보았다. 독일 공군기의 공격으로 많은 수의 폭격기들이 추락하고 조종사들이 목숨을 잃었기 때문이다. 미군 관계자들은 폭격기의 손실을 최소화하고 조종사들의 생명을 구하기 위해 피탄부분에 방탄판을 덧대기로 했다. 그러나 방탄판을 너무 많이 덧대면 속도가 느려져 오히려 적기의 공격에 더 취약해질 수 있어 전쟁을 비밀리에 지원하고 있는 「통계연구그룹(SRG)」에 분석을 의뢰했다.

연구그룹이 비행기 동체의 피탄 부분을 조사한 결과를 보면 엔진 부위에 평균 1.11발, 동체부분에 평균 1.73발, 연료계통에 1.55발, 기체의 나머지 부분에 1.8발씩 피탄된 것으로 나타났다. 대부분의 연구진들이 피탄된 부분에 방탄판을 덧대는 것이 좋겠다는 의견을 제시했을 때 오직 한 사람만이 이 의견에 반기를 들었다. 통계연구그룹의 일원이었던 컬럼비아대 아브라함 발드(Abraham Wald)였다. 발드는 피탄된 상태로 귀환한 비행기는 총알에 맞았어도 추락하지 않았기 때문에 그 부분에 방탄판을 대기보다는 오히려 총알 자국이 없는 부분에 대는 것이 옳다는 의견을 냈던 것이다. 발드는 출격한 후에 돌아오지 못한 폭격기들은 총을 맞고 돌아온 비행기들과는 다른 부분에 총을 맞고 추락했기 때문이라고 생각했던 것이다. 발드의 이러한 지적은 다행히 미군 장성들의 마음을 움직여 그 후 발드의 의견대로 방탄판을 덧대었고, 결과적으로 이후에는 추락하는 비행기들이 감소해 2차 대전을 승리로 이끄는게 크게 기여하게 되었던 것이다. 발드의 이러한 지적은 추후 '생존자의 편향 오류(survivorship bias)'라는 이론으로 유명해졌다. 분석대상을 총을 맞고도 살아 돌아온 비행기를 대상으로 삼았기 때문에 이러한 오류가 발생했던 것이다. 이는 데이터가 보여준 결과를 토대로 역(逆)발상을 통해 통찰력을 얻은 사례로 유명하다.

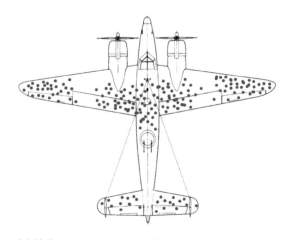

이미지출처: http://www.andrewahn.co/silicon-valley/survivorship-bias/

<그림 1> 폭격기의 총알 자국

  '생존자의 편향 오류'와 마찬가지로 데이터가 생명을 구한 사례가 또 있다.

  존 스노우(John Snow)의 '콜레라 지도'가 그것이다. 의사였던 존은 1854년 영국 런던 소호의 브로드 가(街)를 중심으로 콜레라가 유행하자 지도 위에 콜레라가 발병한 집들과 환자 수를 표시했다.

그런 다음 지도에 표시된 점들을 이용해 클레라가 어디서부터 발병했는지를 파악하고자 했다. 존은 콜레라 발생지점의 중심에 그곳 사람들이 식수원으로 사용하고 있는 펌프가 있다는 사실을 깨달았다. 존은 여기에서 멈추지 않고 콜레라가 발생한 집들을 일일이 방문해서 그곳에 있던 펌프 물을 마셨는지 여부를 조사해 나갔다. 그 결과 콜레라가 발생한 집들은 모두 그곳의 펌프 물을 식수로 사용하고 있음을 발견했다. 존은 지역사회를 설득해 해당 펌프를 폐쇄했고 이후 콜레라는 소호지역에서 사라지게 되었다.

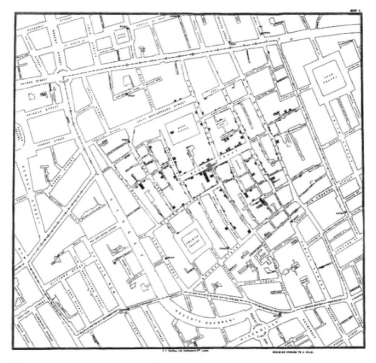

<그림 2> 존 스노우의 콜레라 지도

존 스노우가 활동할 당시의 의료기술은 콜레라의 존재를 확인할 수 있는 수준이 아니었다. 그때까지만 해도 콜레라는 공기를 통해서 전염되는 것으로 생각했기 때문에 존 스노우의 노력이 없었다면 콜레라가 수인성 전염병이라는 발견은 한참 후에나 알 수 있었을 것이다. 존 스노우가 지도 위에 표시한 점, 즉 데이터가 콜레라의 발생원인을 밝히는 중요한 전환점이 된 동시에 현대적인 역학(疫學, epidemiology)이 탄생하는 순간이었던 것이다.

1.2 빅데이터로 이기는 선거예측

빅데이터는 한 나라의 대통령을 만드는데에도 절대적인 힘을 발휘한다.

이명박 전 대통령이 선출되었던 2007년 대선 결과를 보면 빅데이터가 얼마나 정확하게 예측했는지를 알 수 있다. 2007년 대선이 끝난 뒤 구글은 구글의 브라우저인 크롬을 통해 유권자들이 대선후보의 이름을 검색한 빈도와 득표수간의 상관관계를 발표했다. 상관관계의 정도를 나타내는 피어슨의 상관계수(Pearson's coefficient)는 0.98796으로 거의 1.0에 가깝게 나타났다. 이는 후보자에 대한 검색빈도와 득표수간에 거의 완전한 비례관계가 있음을 의미하는 것이다.

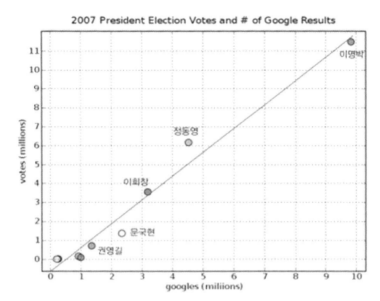

<그림 3> 2007년 대선후보자별 검색빈도와 득표수간 상관관계

　　미국의 대선에서도 빅데이터는 어김없이 그 진가를 발휘했다. 최
초의 흑인 대통령을 탄생시킨 2008년 미국의 대선에서도 구글에서
검색빈도가 높은 오바마가 대통령이 되었고, 힐러리 클린턴과 매케
인은 안타깝게 오바마에게 대통령의 자리를 양보할 수 밖에 없었다.
빅데이터는 2016년 트럼프 대통령이 당선된 대선에서도 어김없이
그 진가를 발휘했다. 구글 트렌드 검색에 나타난 바와 같이 검색빈
도가 높은 트럼프가 대통령으로 당선된 것이다.

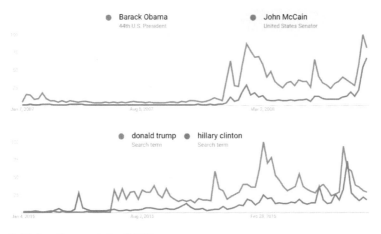

<그림 4> 빅데이터로 분석한 미국의 대선

1.3 산업현장에서 혁신 코드로 활용되는 빅데이터

빅데이터는 산업현장에서도 어김 없이 유용한 도구로 활용되고 있다. 운영 프로세스를 개선하거나 제품 및 서비스 품질을 극대화시키는데 절대적으로 없어서는 안될 요소로 활용되고 있다.

세계적인 회사인 지멘스는 4차 산업혁명으로 시작된 디지털 트랜스포메이션(DT, digital transformation)을 성공시키는 요소로 빅데이터를 활용한다. 지멘스의 암베르크 공장에서는 모든 기계장치를 통합소프트웨어와 연결하고 1천 개 이상의 센서와 스캐너를 통해 모든 생산공정을 빠짐없이 검사하고 있다. 수만개의 부품에는 일련번호가 매겨져 있고 조금만 이상이 있어도 어떤 부품에 문제가 있는지 실시간으로 파악할 수 있다. 암베르크 공장의 컴퓨터는 하루에 5

천만건의 데이터를 분석하고 있으며, 연간 180억 건의 데이터를 분석해 공장의 품질을 최적화 시키고 있다. 기계를 언제 가동하고, 언제 멈춰야 하는지, 최적의 공정은 어떤 공정인지를 초(秒)단위로 진단한다. 빅데이터를 이용해 4차 산업혁명인 스마트 팩토리를 구현하고 있는 것이다.

<그림 5> 지멘스 암베르크 공장

1.4 디지털 트랜스포메이션을 이끄는 빅데이터

빅데이터의 중요성에 대해 많은 전문가들은 빅데이터야 말로 21세기 디지털 혁명을 이끄는 원유와 같은 존재라고 강조한다.

백색가전의 제왕이었던 GE는 제프리 이멜트회장이 취임하면서 120년간 유지해온 백색가전을 중국의 하이얼전자에 매각했다. 그런 다음 제조업으로 축적된 데이터를 바탕으로 빅데이터를 활용하는 데이터 중심회사로 전환시켰다. 대표적인 빅데이터 비즈니스는 4차 산업혁명의 핵심수단 중 하나인 디지털 트윈(digital twin)을 탄생시켰다.

프레딕스(Predix)로 이름지어진 디지털 트윈(디지털 쌍둥이)은 GE가 그동안 제품생산과 판매를 통해 얻어진 빅데이터를 활용해 계획되지 않은 제품의 고장을 사전에 예측해 공장이나 기계가 멈춰 올 수 있는 피해를 극소화시키는 빅데이터 플랫폼이다. GE 디지털 트윈은 실제 현실에 존재하는 물리적인 기계나 설비를 디지털상에 쌍둥이처럼 똑같은 형태로 만들어 물리적인 시스템에서 발생되는 데이터를 디지털 트윈에 입력해 이를 바탕으로 시뮬레이션을 실시하고, 이를 통해 기계나 설비의 고장을 사전에 예측하는 역할을 한다.

이미지: https://www.mk.co.kr/news/home/view/2018/08/487566/

<그림 6> 빅데이터를 활용한 GE의 디지털 트윈

빅데리터를 활용해 GE의 디지털 트랜스포메이션을 이끌었던 제프리 이멜트 회장은 2015년 전 세계에 배치되어 있는 GE직원들에게 다음과 같은 메시지를 전했다.

"GE는 125년 된 스타트업 기업이다. 이제부터 GE는 가전제품 제조회사가 아니라 빅데이터 기업으로 새롭게 태어날 것이다."

제프리 이멜트 회장은 이러한 비전을 통해 빅데이터회사로 거듭 태어났으며, 아울러 4차 산업혁명의 핵심 화두인 디지털 트랜스포메이션을 성공적으로 이끌었다.

<그림 7> 제프리 이멜트 전(前) GE회장

1.5 나날이 성장하는 빅데이터 시장

2011년 통계에 의하면 매월 300억개의 콘텐츠가 페이스북에 추가되고, 매일 14억개의 트윗이 전송된다. 매시간만다 35시간 분량의 비디오가 유투브에 업로드 될 정도로 어머어마한 양의 정보가 생성되고 있다. 2013년에는 매년 10조개의 텍스트 메시지가 발생하고, 각 기업은 매년 8 엑사 바이트의 비즈니스 데이터를 생성하고 있다. 어머 어마한 양의 데이터가 매일 같이 쏟아지는 세상이 되었다.

이제는 엑사 바이트의 시대를 넘어서 제타 바이트(ZB)[1] 시대로 접어 들고 있다. 스마트 단말기의 확산과 사물인터넷, 드론, 자율주행차량 등의 새로운 혁명은 데이터의 생성을 폭발적으로 늘려가고 있으며, 산업생태계 역시 급속도로 빅데이터 경제로 전환되고 있다.

일상생활뿐만 아니라 산업현장과 공공부문까지 그 영역을 가리지 않고 모든 곳에서 빅데이터가 활용되고 있다. 일반 시민들에게는 보다 여유롭고 풍족하며 편리한 생활문화를 통해 삶의 질을 증대시키고, 기업에게는 생산성과 효율성을 극대화시키는 기반 데이터로서의 역할을 톡톡히 해나가고 있다.

정부 및 공공부문에서는 빅데이터를 활용해 최적의 의사결정과 정책의 수립 및 집행을 지원하고 있다.

의료부문에서는 빅데이터를 통해 각종 질병을 예방하고, 수년 혹은 수 십년이 걸리는 신약개발에 빅데이터를 활용해 최적의 신약을 최단기간에 개발할 수 있도록 하고 있다. 뿐만 아니라 천문학적 비용이 수반되는 신약개발비용을 아나로그시대부터 축적된 빅데이터를 활용함으로써 엄청난 비용을 절감할 수 있도록 해주기도 한다.

IT 시장분석 및 컨설팅 기관인 한국ICD(International Data Corporation Korea Ltd.)는 2018년 2월에 발표한 「국내 빅데이터 및 분석 시장 전망, 2018~2022년 연구 보고서」에서 국내 빅데이터 및

---

1) 1제타바이트는 10^{21} 으로 1조 기가바이트의 정보량을 뜻함.

분석 시장의 향후 5년간 연평균 성장률이 10.9%가 될 것이라고 전망했다. 규모면으로는 2022년에 약 2조 2천억원의 규모에 이를 것으로 전망했다. 빅데이터 시장이 이렇게 빠르게 성장할 것으로 전망한 이유는 디지털 혁명의 심화와 5G 기술 등의 등장으로 데이터 흐름을 실시간으로 수집하고 분석하는 것이 과거에 비해 더욱 중요한 화두로 자리 잡고 있기 때문으로 진단하고 있다. 또한 디지털 트랜스포메이션과 인공지능(AI)시스템의 구축 수요가 데이터의 필요성을 더욱 증대시키고 있기 때문이다.

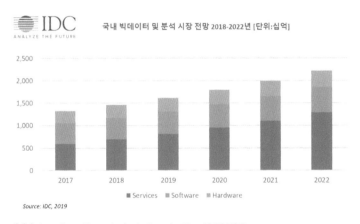

이미지: https://www.idc.com/getdoc.jsp?containerId=prAP44864019

<그림 8> 국내 빅데이터 및 분석시장 전망

빅데이터에 대한 관심이 폭발적으로 늘어나게 된 시기는 2013년 이후 2016년 알파고와 이세돌의 바둑대결 이후라고 할 수 있으며, 최근에는 디지털 트랜스포메이션과 더불어 다시금 관심을 받고 있다. 구글 트렌드 검색에 나타난 2004년 1월 1일부터 2019년 4월 25

일 현재까지 빅데이터에 대한 검색 트렌드를 보면 빅데이터에 관한 관심이 꾸준히 이어지고 있을 뿐만 아니라 더욱 커지는 흐름을 보여주고 있다.

<전세계>

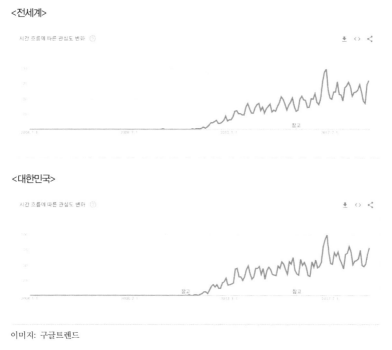

<대한민국>

이미지: 구글트렌드

<그림 9> 빅데이터에 대한 구글 트렌드 검색 추이(2004.1.1-2019.4.25. 현재)

빅데이터데 대한 검색 추세가 전 세계적으로나 우리나라나 구분 없이 거의 비슷한 추세를 보이고 있는 점이 특이하다고 할 수 있다. 이것은 곧 전 세계적인 추세와 우리나라의 관심이 일치하고 있음을 의미하는 동시에 우리나라의 빅데이터 비즈니스 역시 세계적인 추세를 따라 발전하고 있다는 것을 의미한다.

Ⅱ. 빅데이터 개념 및 특성

2.1 빅데이터의 개념 정의

4차 산업혁명을 이끄는 데이터과학의 핵심인 빅데이터는 흔히 21세기의 원유라고 불린다. 이러한 빅데이터는 다음과 같은 개념으로 정의된다.

> 빅데이터(Big Data)란 기존 데이터베이스의 관리도구의 능력을 넘어서는 대량(수십 테라바이트)의 정형 또는 비정형의 데이터로부터 가치를 추출하고 분석하는 기술이다.
>
> -위키피디아의 정의내용을 요약-

위와 같이 정의된 빅데이터의 개념 정의는 다음과 같은 내용을 포함하고 있다.

첫째, 빅데이터는 기존의 관리도구를 넘어서는 대용량의 데이터를 의미한다는 것이다. 기존에 관리해온 데이터베이스로는 처리하기 어려울 정도의 대용량의 데이터라는 의미는 최소한 테라바이트(10^{12}) 이상의 데이터를 의미한다.

둘째, 정형화된 숫자나 문자데이터 외에 비정형 데이터까지를 포함한다는 것이다. 과거 아날로그시대에는 대체적으로 데이터라고 하면 숫자로 이루어진 실수형 혹은 정수형의 데이터나 성별 등 간단한 문자 정도를 데이터로 인식해왔다. 그

러나 디지털이 일반화된 현재의 환경에서는 소셜네트워크
서비스(SNS)나 인터넷 등에서 오가는 모든 비정형 데이터
까지를 포함한다. 뿐만 아니라 영상이나 음성, 초음파 데이
터 등도 비정형 데이터의 범주에 해당한다.

셋째, 데이터로부터 가치를 추출하고 분석하는 기술까지 빅데이
터의 범주에 포함시킨다는 점이다. 빅데이터는 데이터 그
자체만을 의미하는 것이 아니라 '대용량의 데이터로부터
가치를 추출하고 분석하는 기술'이라는 개념까지를 포함하
고 있다는 것이다. 이는 데이터의 양이나 특성 보다도 가치
를 추출하고 분석하는 기술이라는 관점에 보다 더 집중하
고 있다는 것을 의미한다고 할 수 있다. 우리 속담에 "구슬
이 서말이라도 꿰어야 보배"라는 속담을 생각해보면 빅데
이터 정의가 이해될 것이다.

전 세계 인구는 약 70억명이라고 한다. 그중 60억 명이 휴대폰을
가지고 매일 같이 데이터를 생성하고 또한 소비한다. 미국의 대부분
기업은 100테라바이트 이상의 데이터를 보유하고 있다고 한다. 우
리나라의 은행들 역시 100테라바이트 이상의 데이터를 보유하고 있
다고 전해진다.

뉴욕 주식시장에서는 매일 같이 1테라바이트 이상의 데이터가 생
산되고 있고, 현재의 자동차에는 100개 이상의 센서가 부착되어 있
어 연료나 타이어 압력데이터, 주행정보 등 다양한 데이터가 생성되
고 이들 데이터는 통신망을 통해 자동차 제조회사로 전송되어 더
나은 자동차를 생산하거나 정비서비스 품질을 높이는데 활용된다.
심지어는 인공위성과 연결되어 자동차가 한 곳에 오래 머물고 있으

면 보안회사가 출동해 자동차 운전자의 안전을 확인하는 서비스까지 제공되고 있다. 대표적인 소셜네트워크서비스인 페이스북은 매달 300억건의 기록이 공유되고 있고, 비행기는 한번 운행할 때마다 14기가바이트를 데이터를 생성해낸다. 이러한 빅데이터가 산업과 서비스를 재편하는데 사용되고 있는 것이다.

2.2 빅데이터의 특성과 중요성

일반적으로 빅데이터는 크게 5가지의 특성을 가진다. 즉, 4V+1C의 특성을 가진다. 4V란 데이터의 양을 나타내는 볼륨(volume), 데이터의 생성 속도를 의미하는 벨로시티(velocity), 데이터의 다양성을 말하는 버라이어티(variety), 데이터의 불확실성을 의미하는 베라시티(veracity)가 그것이다. 또한 1C란 4V의 특성으로 인해 데이터가 그만큼 복잡성을 띤다는 것을 의미하는 컴플렉서티(complecity)이다.

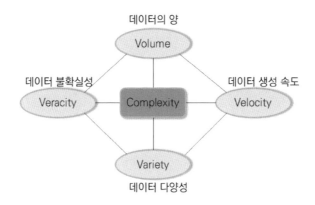

<그림 10> 빅데이터의 5대 특성

빅데이터의 중요성에 대해 빅데이터 대가로 불리는 빅토르 마이어 쇤베르거 옥스퍼드대학교 교수는 그 중요성을 다음과 같이 얘기하고 있다.

> "빅데이터는 새로운 시각으로 세상을 보게 해주는 안경이다. 빅데이터는 단순한 기술이 아니라 인간의 사고방식 자체를 바꿀 것이다. 이제 '왜'는 중요하지 않다. 데이터가 주는 결론만이 필요할 뿐이다. 데이터는 기업의 중요한 자산이자 경제의 필수 원천, 새로운 비즈니스 모델의 기반이 되고 있다. 말하자면 정보경제의 석유가 된 것이다."[2]

출처: https://www.google.co.kr (빅토르 마이어 쇤베르거 교수)

서울대학교 빅데이터연구원장인 차상균원장은 빅데이터의 중요성이 기업의 흥망에 매우 중요한 역할을 할 것이라고 내다봤다.

> "지난 100년간 석유가 세계 산업을 이끌었다면 앞으로는 데이터가 세계 산업을 이끌 것이다. 이 경쟁에서 밀려나면 국내 기업들은 세계 데이터 기업들의 하도급업체로 전락할 것이다."[3]

---

2) 최천규, 김주원, 이상국(2017), '진격의 빅데이터', 이담.
3) 최천규, 김주원, 이상국(2017).

세계적인 여론조사기관인 갤럽의 짐 클리프턴 회장 역시 빅데이터의 중요성을 다음과 같이 강조하고 있다.

> "데이터의 수집 자체보다 그 속에 숨은 의미를 찾는 빅데이터 분석이 갤럽의 미래가 될 것이다. '무엇(what)'보다는 '왜(why)'를 찾으세요."[4]

2.3 데이터의 크기

구글의 전 CEO였던 에릭 슈미트는 빅데이터의 중요성을 강조하면서 다음과 같이 말한바 있다.

> "2003년까지 인류가 쌓아 올린 데이터는 5 엑사바이트(EB) 수준인데 이제는 단 하루만에 그 정도의 분량이 쏟아지는 시대가 되었다."

매월 300억개의 콘텐츠가 페이스북에 추가되고, 매일 14억개 이상의 트윗이 전송되고 있다. 매시간 35시간 분량에 해당하는 비디오가 유투브에 올라오고, 매년 10조(兆)개 규모의 텍스트 메시지가 발생하는 그야말로 우리는 데이터의 홍수시대에 살고 있는 것이다. 지금까지 인류가 생성한 데이터의 90퍼센트 이상이 최근 2~3년 안에 생성되었다고 할 만큼 데이터는 우리의 일상생활에 깊숙이 파고들며, 우리 삶의 방식을 완전히 새롭게 바꾸어 놓고 있다.

---

4) 조선일보(2015.6.6.) 기사 중 일부 발췌

데이터의 크기 단위를 정리하면 다음과 같다.

<표 1> 데이터의 크기 및 단위

이름	값(크기)	기호
킬로 바이트	10^3	KB
메가 바이트	10^6	MB
기가 바이트	10^9	GB
테라 바이트	10^{12}	TB
페타 바이트	10^{15}	PB
엑사 바이트	10^{18}	EB
제타 바이트	10^{21}	ZB
요타 바이트	10^{24}	PB

2.4 데이터의 원천별 유형

빅데이터는 다양한 유형의 소스로부터 얻을 수 있다. 아카이브와
도큐먼트, 미디어, 데이터 스토리지, 비즈니스 앱, 퍼블릭 웹, 소셜
미디어, 머신 로그데이터, 센서 데이터 등 9가지의 소스로부터 얻을
수 있다. 데이터의 원천별 유형을 정리하면 다음과 같다.

<표 2> 데이터의 원천별 유형

정형	업무처리, 매매거래, 로그데이터, 시계열 데이터 등 숫자나 간단한 유형의 문자 등으로 이루어진 데이터 (일정한 규칙을 갖고 체계적으로 정리된 데이터)
반정형	한글, 파워포인트, 워드, 엑셀 문서 등 (인쇄된 문자로 서술된 정보를 담고 있는 데이터)
비정형	스마트 기기나 센서, GPS 등으로부터 생성되는 데이터로 페이스북, 트위터, 카카오톡, 라인 등으로 상호교류되는 정보 등을 포함하는 데이터 (그림이나 음성, 동영상, 센서데이터 등)

III. 빅데이터 비즈니스 블루오션

3.1 4차 산업혁명과 빅데이터

4차 산업혁명이라는 용어는 2016년 세계경제포럼인 다보스포럼에서 의제로 삼은 후 급속하게 번져나간 개념으로 진원지는 독일공학한림원인 아카텍에서부터 출발했다. 특히 독일에서는 컴퓨터 기반의 자동화시스템을 3차 산업혁명이라고 보았으며, 사물인터넷(IoT, internet of things)과 사이버물리시스템(CPS, cyber-physical system) 등의 등장으로 더 큰 변화가 일어나고 있는 현상을 4차 산업혁명으로 부르게 되었다. 독일은 자신들의 강점인 제조업을 중심으로 4차 산업혁명을 이해했으며, 용어 역시 4차 산업혁명이라는 용어보다는 인더스트리 4.0으로 사용하는 경향이 있다. 어찌 되었든 4차 산업혁명은 인터넷, 디지털 기술과의 융·복합을 통해 새로운

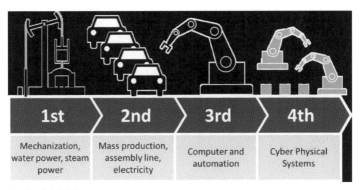

자료원: 위키피디아

<그림 11> 4차 산업혁명

가치를 창출하고 있는 패러다임으로 자리잡고 있으며, 그 중심에 데이터가 자리하고 있다. 4차 산업혁명을 한 마디로 정의하면 '각종 지식 및 산업간 융·복합을 통해 새로운 가치를 창출하는 패러다임'으로 정의할 수 있다.

4차 산업혁명의 핵심개념은 IoT를 통한 초(超)연결성과 빅데이터를 통한 초(超)지능성(AI)이라고 할 수 있다. 인간의 삶과 관련된 물리적인 모든 것들을 디지털적인 모든 것으로 연결하는 융·복합의 혁명으로 기존의 패러다임과 산업시스템을 근본적으로 변화시키는 파괴적 혁명이 4차 산업혁명이라고 할 수 있다.

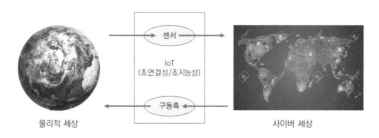

<그림 12> 4차 산업혁명의 핵심개념인 초연결성의 개념

4차 산업혁명은 기본적으로 일곱 가지의 핵심개념인 인공지능기술과 빅데이터 기술, 지능형 로봇기술, 자율주행기술, 3D프린팅 기술, 사물인터넷 기술, 클라우드 컴퓨팅 기술을 활용하는 패러다임이다.

4차 산업혁명과 관련된 일곱 가지 핵심기술을 간단히 요약하면 다음과 같다.

□ 인공지능(AI)기술

컴퓨터가 인간처럼 추리, 학습, 의사결정을 할 수 있도록 하는 기술

□ 빅데이터 기술

데이터 간 패턴이나 연관성, 인과성 등의 알고리즘을 찾아 의사결정에 활용하는 기술

□ 지능형 로봇 기술

사람의 조종 없이도 혼자서 움직이고, 스스로 상황을 판단할 수 있는 로봇기술

□ 자율주행 기술

사람의 조작 없이 자동차가 스스로 목적지까지 찾아가는 자율주행 기술

자료원: 지능형 전투로봇을 다룬 영화 '킬 커맨드' 포스터

<그림 13> 지능형 전투 로봇

□ 3D 프린팅 기술

3차원, 즉 우리 눈에 보이는대로 사물을 인쇄해주는 기계와 기술

□ 사물인터넷 기술

우리 주변의 모든 사물을 인터넷에 연결 시키는 기술, 즉 초연결성

□ 클라우드 컴퓨팅 기술

인공지능과 빅데이터 기술, 사물인터넷 기술의 근간이 되는 기술로 인터넷
에 대용량의 데이터를 저장, 처리, 분석하는 제반 기술

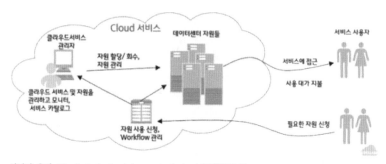

이미지 출처: http://gotocloud.co.kr/wp-content/uploads/2013/03/113.png

<그림 14> 클라우드 컴퓨팅 서비스 개념도

4차 산업혁명의 주요 수단 중 하나인 빅데이터 기술은 독일 제조
산업의 경쟁력을 다시 한번 강화시키는데 기여한 디지털 트랜스포메
이션(digital transformation)과 함께 새로운 혁신 코드로 자리잡고 있
다. 한국IDC 보고서에 따르면 디지털 트랜스포메이션이 국내 빅데이
터산업을 성장시키는 주요 동인(動因)이 되고 있다. 디지털 트랜스포
메이션이란 디지털적인 모든 것을 이용해 새로운 혁신활동을 추진하
는 패러다임이다. 디지털트랜스포메이션의 정의는 다음과 같다.

디지털 트랜스포메이션(DT, digital transformation)이란?
"디지털적인 모든 것(All Things Digital)으로 인해 발생하는 다양한 변화에 대해 디지털 기반으로 기업의 조직, 프로세스, 비즈니스 모델, 기업문화, 커뮤니케이션 등을 총망라해서 근본적으로 변화시키는 경영전략이다."

3.2 빅데이터로 성공한 블루 오션 기업

빅데이터를 활용한 디지털 트랜스포메이션은 기존의 비즈니스를 혁신적으로 변화시키는 기술 및 패러다임으로 모든 산업과 기업뿐만 아니라 소비자에게까지 영향을 미치고 있다. 아마존에서 서비스하고 있는 '아마존 고(Amazon Go'가 바로 디지털 트랜스포메이션을 활용한 새로운 산업 및 서비스형태라고 할 수 있다.

No Line, No Check out⋯Amazon Go

<그림 15> 아마존의 쇼핑서비스 '아마존고'

인터넷 쇼핑으로 성장한 아마존은 최근 고객들에게 색다른 경험을 제공하고 있다. 아마존고(AmazonGo)라는 앱을 통해 결제를 위해 대기하는 대기열을 없애고, 카드에 서명도 없이 그냥 물건만 들고 나오면 되는 매장을 선보였다. 시카고에 위치한 아마존고 매장에서는 스마트폰에 아마존고라는 앱을 깔고 매장에 들어가서 자신이 필요한 물건을 골라서 그냥 나오기만 하면 된다.

아마존에서 운영하는 아마존고는 체크아웃이 필요 없는(no check) 새로운 종류의 상점으로 세계에서 가장 진보된 쇼핑기술을 활용하고 있다. 컴퓨터 비전과 각종 센서 퓨전을 활용하고 있다. 또한 자율주행차량에 적용된 딥러닝 기술을 이용한다. 선반에서 물건을 가지고 그냥 나올 수 있도록 하는 기술(just walk out)은 물건이 선반에서 빠져나가거나 반품될 때 이를 자동으로 감지하고, 가상의 카트에서 이를 추적하는 시스템을 활용한다. 이를 통해 쇼핑을 마치고 아마존고 매장을 나오면 잠시 후 자신의 아마존고 계정에 청구서가 날라오고, 고객의 계정에서 자동적으로 결제가 이루어지는 그야말로 혁신적인 방식의 쇼핑기술이다. 이 역시 아마존고의 물류시스템에서 얻어진 빅데이터기술과 디지털기술의 융합에 의한 신개념의 쇼핑기술인 것이다. 고객은 단지 아마존 계정과 스마트폰 그리고 무료 아마존고 앱만 있으면 오케이다. 아마존고는 빅데이터 기술과 사물인터넷, 영상기술, GPS 기술 등 4차 산업혁명의 핵심적인 기술들이 총망라되어 있다.

우리나라 제빵업계의 선두주자인 파리바게트는 빅데이터를 활용해 색다른 비즈니스를 제공한다. 전국의 3천100개 매장에 매일 같이 그날 그날의 날씨지수와 그날 잘 팔릴 수 있는 빵제품에 대한 정보가 단말기를 통해 제공된다.

파리바게트는 자신들의 가맹점 매출과 자사 매출을 극대화 시키고 늘어나는 재고부담을 줄이기 위해 각 매장별 상품 판매데이터와 매장별 기상 및 날씨 데이터를 분석해 날씨판매지수를 만들었다. 이를 통해 매일 매일의 날씨와 습도 등 기상데이터를 입력해 그날그날 잘 팔릴 수 있는 상품과 그렇지 않은 상품을 예측하여 가맹점에 제공하고, 가맹점은 이를 바탕으로 본사에 잘 팔릴 수 있는 제품을 주문하고, 이는 결과적으로 제품판매를 증대시킴과 아울러 제품의 재고를 감소시켜 본사뿐만 아니라 가맹점 모두에게 동반성장할 수 있는 계기를 만들어주고 있다. 이를 통해 파리바게트는 빵매출을 30% 이상 증대시킬 수 있었다.

이미지 출처: https://www.paris.co.kr/main/index_ver2.jsp

<그림 16> 파리바게트의 행복한 동행

세계적인 아웃도어 의류업체 노스페이스 역시 날씨 데이터를 비즈니스에 적극 활용해 성공한 회사다. 전 세계적으로 분포되어 있는 노스페이스 매장을 통해 판매 데이터와 소비패턴 데이터 등을 수집

하고, 자사 제품과 관련된 각종 블로그, 잡지 및 SNS 데이터를 수집해 인공지능(AI)을 통해 분석하고 있다. 분석결과를 바탕으로 잠재 소비자나 고객들에게 특정 지역을 방문할 때 방문시기의 기상이나 현지 상황에 가장 적합한 상품 및 관련 정보나 지식을 전달할 수 있는 시스템을 구축하였다. 이 시스템을 구축한 후 인공지능 챗봇을 통해 정보를 제공함으로 인해 온라인 쇼핑몰의 이용률이 급상승했으며, 추천상품 클릭률 역시 8배나 상승하고, 평균 60% 이상 매출 상승을 기록할 수 있었다. 빅데이터를 분석하여 이를 비즈니스에 활용해 성공했다.

이미지 출처: http://digitalretail.co.kr

<그림 17> IBM인공지능 왓슨과 빅데이터를 활용한 노스페이스

또 다른 스포츠아웃도어 회사인 코오롱스포츠 역시 빅데이터를 이용해 미래의 수요를 정확하게 예측하여 성공한 회사이다. 코오롱스포츠는 다른 의류회사들과 마찬가지로 과거에는 전년도의 판매량과 상품 기획자의 경험에 의한 직관에 의존하여 미래의 판매량을

예측하고, 이에 맞추어 제품을 생산하여 제공해 왔다. 직관에 의한 판매예측이 맞는 경우도 있었지만 그렇지 않은 경우가 더 많았다. 즉, 재고가 남아 세일을 하거나 염가로 판매업자에게 넘기는 경우가 많았던 것이다.

코오롱스포츠 상품기획팀에서는 이러한 관행을 탈피하고, 빅데이터를 이용해 잠재소비자들의 수요를 정확하게 예측하여 생산, 판매하고자 하는 니즈를 갖고 있었다. 그래서 지금까지와는 전혀 다른 접근방식을 택하였다. 즉, 겨울시즌 5개월 동안의 대표적인 아웃도어 상품의 판매를 예측하기 위해 70개 상품을 매장에 출시한 후 2주간의 판매량에 관한 데이터를 수집했다. 이를 통해 매장별, 지역별로 2주 동안의 판매경향을 분석하여 색상별, 디자인별 판매예측 알고리즘을 개발하였다. 이 알고리즘에 의해 5개월 동안 총 25만장이 판매될 것으로 예측하고, 예측에 입각해서 25만장을 생산, 판매에 돌입했다. 결과적으로 해당 기간 동안 판매된 아웃도어 상품은 총 25만5천장으로 예측모델에 의해 예측한 25만장에서 2%의 예측오차가 발생했을 뿐이다. 결과적으로 코오롱스포츠는 잘못된 예측에 의해 발생할 수 있는 재고를 획기적으로 줄였을 뿐만 아니라 고객들에게는 코오롱아웃도어 제품에 대한 충성도를 높이는 계기가 되었다. 더욱 큰 성과는 코오롱스포츠 상품기획팀에게 빅데이터를 활용한 성공경험을 가질 수 있도록 했다는 것이며, 이러한 성공경험은 코오롱스포츠 상품기획팀에게 자신감을 심어주었다는 사실이다.

<그림 18> 코오롱스포츠 겨울상품과 로고

　스타트업 의류회사로 알려진 자라는 창업할 때부터 빅데이터로 무장한 네이티브 빅데이터 기업(native big data company)이다. 디지털 시대가 되면서 자라는 각종 디바이스나 앱을 통해 빅데이터를 수집하고, 데이터 수집비용이 과거와는 현저하게 낮다는 것을 인식하였다. 그래서 빅데이터 기반의 의사결정 시스템을 구축하여 이를 활용해 전통적인 제조방식의 의류회사가 보통 10개월 정도 걸리는 신제품 개발기간을 2~3주로 줄인 획기적인 변신을 통해 성장하고 있다. 자라는 전 세계 2천 여개 매장을 통해 각종 데이터를 수집하여 스페인에 있는 본사 클라우드서버에 실시간으로 전송하는 시스템을 구축하였다. 본사에 있는 데이터 담당자는 이를 실시간으로 분석해 그 결과를 디자이너에게 보내 소비자들의 니즈를 파악하도록 하고, 물류담당자에게는 최적으로 재고분배시스템을 계획하도록 제공하고 있다. 이러한 시스템을 통해 전 세계 어디든 2~3주 안에 신제품을 누구보다도 빨리 시장에 제공할 수 있게 된 것이다.

이미지 출처: https://www.irishtimes.com

<그림 19> ZARA 매장

3.3 새로운 혁신 코드 디지털 트랜스포메이션

<그림 20> 2019년 국내 ICT시장 10대 전망

한국IDC는 2019년 연초에 한국의 ICT 시장을 전망하면서 첫 번째 키워드로 디지털 디터미네이션(digital determination), 즉 디지털에 의한 의사결정시스템이 본격적으로 도입될 것으로 전망하고 있다. 4차산업 혁명과 더불어 불길처럼 퍼지고 있는 디지털 트랜스포메이션은 기업의 비즈니스 시스템과 모델, 심지어 경영전략과 운영 프로세스, 인사조직, 문화, 커뮤니케이션 등 모든 분야에서 일어나고 있다. 이러한 변화를 디지털 트랜스포메이션이라 하는데 이는 제품중심의 사고에서 고객이 정말로 원하고 필요로 하는 '완전한 고객 해결과제(job to be done)' 중심으로 기업의 모든 시스템을 전환시키는 것을 의미한다. 고객의 문제를 완전무결하게 해결하기 위해서는 무엇보다도 다양한 고객의 데이터를 수집/분석하는 체제로의 전환이 필수적이다. 즉, 빅데이터(big data)의 수집 및 분석이 필수적이라는 얘기다.

디지털 트랜스포메이션의 중심에는 빅데이터가 있다. 엄청난 양의 빅데이터(혹자는 1테라바이트 혹은 50테라바이트 이상이 되어야 빅데이터라고 주장)를 이용해 추세나 유형을 분석하고, 이를 통해 미래를 예측하는 알고리즘을 생성하고, 비즈니스 운영에 활용하거나 고객서비스를 개선하는데 활용하게 된다. 아울러 고객이 정말로 원하고 필요로 하는 제품이나 서비스를 생산하여 제공하는 것이다.

아디다스는 운동화 끈부터 시작해서 고객이 원하는 색상, 디자인 등을 온라인으로 주문 받아 전 세계 어디든 일주일 안에 배송 전달하는 시스템으로 전환시켰다. 주문 후 5시간만에 생산하고, 전 세계 어디든 일주일 안에 배달을 완료하는 것이다. 전 세계 고객의 다양한 니즈를 어떻게 맞출 수 있었을까? 그것은 아디다스가 창립된 이후부터 지금까지 축적된 수많은 빅데이터를 활용해 고객들이 선호하는 다양한 디자인, 색상 등을 데이터베이스화 하고 디지털 기술과 결합시켜 스마트 팩토리(smart factory)로 가능케 한 것이다. 현재 아디다스의 스마트 팩토리에서는 10명이 연간 56만 켤레의 운동화를 생산해내고 있다. 디지털 기술과 빅데이터 기술이 없었다면 이러한 혁신은 꿈도 꾸지 못했을 것이다.

이미지 출처: http://www.iconsumer.or.kr/news/articleView.html?idxno=7430

<그림 21> 아디다스 스마트팩토리

스타벅스커피는 고객의 경험 데이터(customer experience data)를 분석해 사물인터넷(IoT)과 결합시켜 고객에게 특별한 경험을 제공하고 있다. 스타벅스 충전카드를 만들어 어디서든 원하는 커피를 주문하고, 자신이 원하는 스타벅스 점포에서 원하는 시간에 주문한 커피를 받아 마시는 시스템으로 전환시켰다.

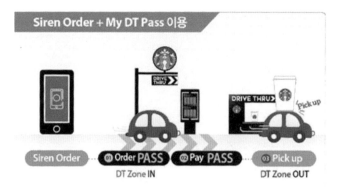

- 충전 카드 예치금 1조원 돌파
  (미국의 일반 지방은행의 예치금보다 많은 금액)
- 이용자 1천2백만명
- 고객경험을 사물인터넷과 빅데이터를 활용해 연결
- 특별한 고객경험을 제공하기 위해 다양한 상품 개발
  (키링, 다이어리, AI스피터 등 DT전환에 주력)

<그림 22> 빅데이터와 DT를 활용한 스타벅스

　나이키 역시 스포츠용품을 제조 판매하면서 얻어진 빅데이터를 활용해 소포츠용품 회사가 아닌 헬스케어회사로 거듭나고 있으며, 이러한 전환은 엄청난 수익과 성장으로 나타나고 있다. 2016년 현재 나이키의 2분기 수익이 전년 동일분기 순익 7억8천6백만 달러에서 8억4천2백만 달러로 급증하였다. 이들 기업의 성공혁신에 과거로부터 축적되어 온 빅데이터와 고객경험데이터가 있었던 것이다.

- 미국 소호거리에 첨단기술로 꾸민 매장 오픈
- 2010년 나이키디지털스포츠 신규사업부 출범 후
  다양한 디지털 트랜스포메이션 제품 출시
- 디지털 전략을 총괄하는 최고디지털책임자(CDO)직책
- DT 도입 성공으로 2016년 2분기 순이익 8억4천2백만 달성

<그림 23> 빅데이터와 DT를 활용해 성공한 나이키

4차 산업혁명의 혁신 코드인 빅데이터와 디지털 트랜스포메이션은 향후에도 우리의 산업과 삶에 지속적으로 영향을 미칠 것이다. 세계적인 산업기술 트렌드분석기관인 미국의 가트너그룹이 매년 발표하는 하이프싸이클을 보면 향후 2~5년 사이에 영향을 미치는 기술로는 5G기술과 심층신경망 기술(딥러닝), 그리고 가상비서 등으로 전망하고 있다. 향후 5~10년 사이에 영향을 미치는 기술로는 뇌-컴퓨터 인터페이스, 자율이동로봇, 스마트업무환경, 바이오칩, 디지털 트랜스포메이션, 탄소나노튜브, IoT플랫폼 기술 등 다양한 기술들이 인간의 삶에 영향을 미칠 것으로 전망되고 있다. 특히 이러한 모든 기술들의 변화에는 빅데이터가 핵심적인 역할을 하게 될 것이다.

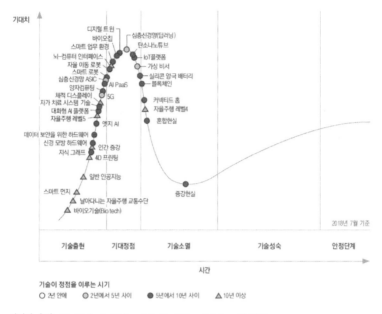

2018 하이프 사이클

기대치

디지털 트윈
바이오칩
심층신경망(딥러닝)
스마트 업무 환경
탄소나노튜브
뇌-컴퓨터 인터페이스
IoT플랫폼
자율 이동 로봇
가상 비서
스마트 로봇
실리콘 앙극 배터리
심층신경망 ASIC
양자컴퓨팅
AI PaaS
블록체인
체적 디스플레이
자가 치료 시스템 기술
5G
커넥티드 홈
대화형 AI 플랫폼
자율주행 레벨4
자율주행 레벨5
엣지 AI
혼합현실
데이터 보안을 위한 하드웨어
신경 모방 하드웨어
인간 증강
지식 그래프
4D 프린팅
일반 안공지능
스마트 먼지
증강현실
날아다니는 자율주행 교통수단
바이오기술(Bio tech)

2018년 7월 기준

기술출현   기대정점   기술소멸   기술성숙   안정단계

시간

기술이 정점을 이루는 시기
○ 2년 안에   ◎ 2년에서 5년 사이   ● 5년에서 10년 사이   △ 10년 이상

이미지 출처: http://techm.kr/bbs/board.php?bo_table=article&wr_id=5180

<그림 24> 가트너그룹의 하이프싸이클 곡선

3.4 빅데이터 산업 생태계의 구성원

스마트폰을 비롯한 디지털 기기의 확산은 데이터의 폭발적인 증가를 가져왔다. 손 끝 하나로 모든 것을 해결하는 디지털 세상의 출현은 각종 앱(App)이나 SNS, 인터넷을 벗어난 삶을 생각할 수 없을 정도로 우리 생활 깊숙이 파고 들고 있으며, 이러한 현상은 보다 더 심화될 것이다.

하루에도 수차례 혹은 수십차례 메일을 검색하고 보내는 생활이 일상화된지 오래이고, 각종 쇼핑앱을 통해 쇼핑홀릭에 빠진 경우도 이젠 낯설지 않다. 카카오톡이나 페이스북 메신저, 라인 등을 통해 대화를 나누고, 쿠팡이나 지마켓, 11번가 등의 앱을 통해 쇼핑하고, 네이버와 다음을 통해 뉴스를 본다. 어디에 있든 인터넷에 접속하는 순간 다양한 유형의 데이터가 쏟아지고, 로그인 정보가 애널리틱스 도구를 통해 분석되고 전략화되어 새로운 비즈니스를 탄생시킨다. 새로운 빅데이터 생태계가 탄생된 것이다.

빅데이터 생태계는 크게 네 가지로 구분할 수 있다. 데이터를 창출하는 생산자와 이를 획득하여 비즈니스에 활용하고자 하는 획득자, 획득된 데이터를 분석해 현상을 파악하거나 알고리즘을 만들어내는 분석자, 그리고 분석된 결과를 최종적으로 비즈니스에 활용해

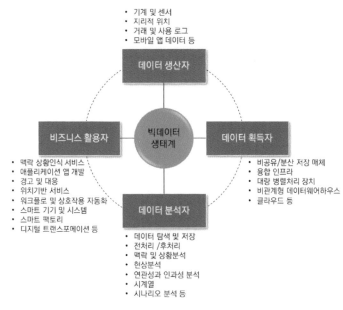

<그림 25> 빅데이터 산업 생태계의 구성원

신제품이나 서비스를 개발하거나 프로세스를 개선하고자 하는 비즈니스 활용자로 나눌 수 있다. 이들 네가지 유형의 빅데이터 생태계는 상호 긴밀하게 작용하면서 빅데이터 산업을 성장시켜 나간다.

3.5 국내외 빅데이터 시장 규모와 기술 전망

세계 빅데이터 시장은 지금도 지속적으로 성장가도를 달리고 있다. 시장조사 기관에 따라 그 규모에 있어 약간씩 차이는 있지만 전체적으로 지속적인 증가세로 전망하고 있다는 것에는 차이가 없다. IDC의 보고자료에 의하면 빅데이터 시장은 크게 인프라, 소프트웨어, 서비스 등 세 가지 유형으로 분류되며, 전 세계 빅데이터 인프라 시장은 2019년까지 약 490억 달러 규모(연평균 성장률 23.1%)

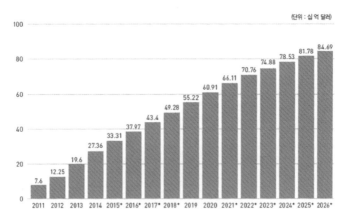

※ 출처 : Statista, Forecast of Big Data market size, based on revenue, from 2011 to 2026, 2016
Wikibon, Big Data Market Forecast, 2011-2026, 2016. 재편집

이미지 출처: https://spri.kr/posts/view/19814?code=industry_trend

<그림 26> 세계 빅데이터 시장 규모

에 이를 것으로 전망된다. 또 다른 시장조사 전문기관인 미국의 지디넷은 빅데이터 및 분석 시장의 규모를 2019년 까지 1,879억 달러 규모(연평균 성장률 50%)로 성장할 것으로 전망하고 있다. 어찌되었든 빅데이터 시장규모는 꾸준하고도 급격하게 성장세를 보이고 있다는 사실에는 변함이 없다.

국내 빅데이터 시장규모 역시 가파른 성장세를 보이고 있는 것으로 나타났다. 국내 빅데이터산업은 아직 충분할 정도로 성숙되어 있지 못하지만 2015년을 기준으로 국내 빅데이터 시장규모는 2014년 대비 30% 성장한 2,623억 원 규모로 나타나고 있다. 한국과학기술정보연구원(KISTI)에 의하면 국내 빅데이터 시장은 2020년 까지 미화 8억9천만 달러(한화 약 1조 원)규모까지 성장할 것으로 예측하고 있다. 빅데이터 기술 및 산업에 대한 정부 투자규모 역시 2013년 230억 원에서 2015년 기준 698억 원으로 세 배 이상의 증가세를 보여주고 있어 향후 빅데이터 산업에 대한 기대가 매우 크다고 할 수 있다.

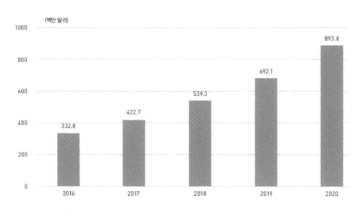

※ 출처 : 한국과학기술정보연구원(KISTI), 자료 재편집

이미지 출처: https://spri.kr/posts/view/19814?code=industry_trend

<그림 27> 국내 빅데이터 시장 규모

소프트웨어정책연구소(SPRI)의 자료에 의하면 2016년을 기준으로 국내 기업의 빅데이터 도입율은 전체기업을 기준으로 했을 때 약 4.3% 수준인 것으로 나타났다.[5] 국내 기업의 향후 빅데이터 수요는 전체기업의 30.2% 수준으로 나타났으며, 도입을 고려하는 시기를 보면 2018년에는 77개 기업으로 나타났으며, 2019년에는 98개 기업이 빅데이터 시스템을 도입할 것으로 예상되고 있다.

빅데이터 활용률을 보면 외국계 IT기업의 경우 30% 수준으로 높게 나타나고 있다. 반면 국내 기업의 경우 중대형 업체는 20~25% 수준이며, 중소업체의 경우에는 이보다 훨씬 낮은 5~8% 수준인 것으로 나타났다.

국내 빅데이터 산업의 기술 수준은 선진국을 100으로 했을 때 62.6% 정도의 수준인 것으로 파악되고 있으며, 이러한 기술수준의 격차는 약 3.3년 정도 뒤떨어져 있는 것으로 보고되고 있다. 이와 같이 국내 빅데이터 산업이 발전하지 못하고 있는 이유로 전문가들은 빅데이터 분석을 할만큼 풍부한 데이터가 부족하고 데이터 분석의 고도화를 위한 환경 조성의 부재를 꼽고 있다. 또한 빅데이터 분석을 통한 성공사례가 많지 않다는 것도 빅데이터 산업의 발전에 장애요인이 되고 있다.

한국IDC의 분석에 따르면 향후 국내 빅데이터시장은 데이터에 기반한 개인화 마케팅, 스마트 팩토리에서 발생하는 데이터 분석, 인공지능 학습을 위한 데이터 저장 등의 분야에서 높은 성장이 있을 것으로 전망하고 있다. 아울러 빅데이터와 인공지능(AI) 경제 활성화를 위한 정부의 정책과 투자 활동 역시 국내 빅데이터 분석 시

---

5) 소프트웨어정책연구소, 월간소프트웨어중심사회(2016년9월호).

장의 성장을 견인하는 주요 성장 요인이 될 것이다.

3.6 빅데이터의 활용 가치와 역할

빅데이터는 미래의 불확실성 하에서 보다 효과적이고 체계적인 의사결정을 지원하기 위한 방편으로 활용되고 있다. 특히 빅데이터를 활용했을 때의 가치는 비용의 절감, 의사결정의 신속성과 고도화, 고객성향의 신속한 파악 및 신제품/서비스의 개발 및 개선, 미래수요의 예측 및 정확도 제고, 의미 있는 패턴의 발견 등 그 활용 가치가 무궁무진하다.

맥킨지의 보고 자료에 의하면 미국 정부가 빅데이터를 활용해 보건분야에서만 연간 3천3백억 달러 상당의 가치를 창출하고 있다고 한다. 뿐만 아니라 의료와 건강, 소매, 제조분야에서 매년 1퍼센트의 추가 생산성 향상을 가져오고 있으며, 적게는 1천억 달러, 많게는 7천억 달러 규모의 경제적 효과를 창출하고 있다고 한다.[6]

이와 같이 높은 경제적 창출 효과를 가져오는 빅데이터는 미래의 불확실성에 대한 통찰력을 얻도록 해주며, 리스크(위험)에 대한 대응력을 높여주는 역할을 한다. 아울러 스마트한 경쟁력을 갖출 수 있는 알고리즘을 발견하도록 해주며, 융·복합을 통해 새로운 가치를 창출할 수 있도록 해준다.

---

6) 한국디지털정책학회 빅데이터전략연구회(2017), NCS기반 경영빅데이터분석, 18~19쪽.

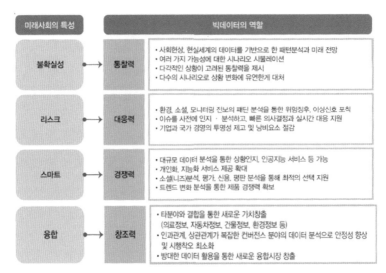

자료원: 한국디지털정책학회 빅데이터전략연구회(2017), NCS기반 경영빅데이터분석, 와우패스.

<그림 28> 빅데이터의 역할

　빅데이터의 사회·경제적 가치를 보면 산업의 투명성을 증대시키고, 소비자의 니즈를 발견하고 트렌드를 예측하도록 해준다. 아울러 성과향상을 위한 실험을 가능하게 하고, 소비자 맞춤형 비즈니스를 위한 고객 세분화를 가능하도록 해준다. 자동 알고리즘의 발견을 통해 의사결정을 지원하도록 해주며, 디지털 트랜스포메이션의 핵심적인 역할을 담당한다. 뿐만 아니라 비즈니스 모델이나 상품, 서비스 등의 혁신이 가능하도록 해준다.

가치	내용
산업의 투명성 증대	◆ 빅데이터를 시기 적절하게 관련 부문에 제공하도록 하는 것만으로 검색과 처리시간의 절감이 가능
소비자 니즈 발견 트렌드 예측 성과향상을 위한 실험	◆ 기업들이 더 많은 거래 데이터를 디지털 형태로 축적하게 되면서 보다 정교하고 상세한 성과 데이터 수집이 가능 ◆ 자연적으로 일어나거나 통제된 실험에 의해 일어나는 성과의 변동성 분석 및 근본적 원인과 결과분석에 데이터를 이용해 가능
소비자 맞춤형 비즈니스를 위한 고객/시장 세분화	◆ 기업들이 매우 구체적인 고객 분류를 통해 고객의 니즈에 맞춘 맞춤형 서비스 제공이 가능
자동 알고리즘을 통한 의사결정 지원과 대행 (디지털 트랜스포메이션)	◆ 정교한 분석에 의해 의사결정의 향상, 위험의 최소화, 가치 있는 통찰력의 발굴이 가능
비즈니스 모델, 상품, 서비스 혁신	◆ 기업들이 새로운 상품/서비스 개발, 기존 상품/서비스 혁신 및 개선, 새로운 비즈니스 모델의 설계가 가능

자료원: 한국디지털정책학회 빅데이터전략연구회(2017), NCS기반 경영빅데이터분석, 와우패스.

3.7 빅데이터 활용 영역과 사례

4차 산업혁명과 함께 관심을 받게 된 빅데이터는 정치, 경제, 사회, 문화, 과학기술, 공공분야 등 전 영역에 걸쳐 그 활용 가능성이 무궁무진한 것으로 평가되고 있다. 빅데이터는 디지털 환경에서 생성되는 데이터로 그 규모가 방대하고, 생성 주기도 짧고, 형태도 수치 데이터뿐 아니라 문자와 영상 데이터 등 비정형화된 데이터까지를 모두 포함한다. 빅데이터는 사람들의 행동이나 심리적인 상태, 위치 정보 등을 토대로 다양한 분석 및 예측이 가능하도록 해준다.

해외에서는 빅데이터를 이용해 전염병의 확산을 예방하고, 위험을 알려주는 서비스를 제공해주고 있다. 하버드대학교와 메사추세츠공과대학의 역학 전문가들이 함께 만든 세계질병정보프로그램인

'헬스맵(www.healthmap.org)'은 2014년 세계보건기구(WHO)보다 열흘 가량 먼저 에볼라 바이러스의 확산 위험성을 경고해 수많은 사람들을 질병의 위험으로부터 지켜주었다. 헬스맵은 대한민국을 공포로 몰아간 중동호흡기증후군(MERS·메르스)도 감시하고 있다. 우리나라에서도 보건의료빅데이터개방시스템(http://gisopendata.hira.or.kr/map.do)을 통해 전국의 질병지도를 제공해주고 있다.

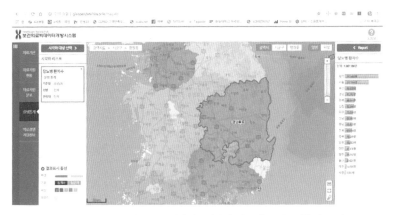

<그림 29> 보건의료빅데이터 개방시스템에서 제공되는 당뇨병환자수 지도

세계적인 컨설팅그룹인 베인&컴퍼니는 빅데이터의 활용 영역을 다섯 가지로 제시하고 있다. 내부 업무처리의 개선, 기존 제품과 서비스의 개선, 신제품과 서비스의 개발, 고객에게 제공하는 제품과 서비스의 표적화 향상, 실시간 정보와 피드백을 활용하기 위한 전제 비즈니스 모델의 변경 등을 활용 영역으로 제시하고 있다.

비즈니스 영역별로 빅데이터가 활용되는 사례를 보면 다음과 같다.[7]

<표 4> 비즈니스 영역별 빅데이터 활용 예

활용 분야	빅데이터 활용 사례
R&D	• 빅데이터 분석을 통한 고객 선호 특성(선호 기능, 디자인, UI 등)파악, 특정제품 효과분석 참조, 유망기술 도출, 잠재고객 및 수요 추정 등 • (예: 스탯캐스트) 빅데이터 분석을 통한 수치화된 실시간 데이터 및 패턴 정보(구속, 타구 속도, 비거리 등)를 제공하는 새로운 야구중계서비스 연구모델
SCM	• 빅데이터 분석을 기반으로 적정 재고량 결정, 물량 창고와 물류센터 위치 선정, 최적 공급경로 선택 등 • (예: 자라) MIT와 함께 빅데이터 기반 재고분배시스템 개발 및 활용
마케팅	• 빅데이터를 활용하여 가격 결정, 판매촉진 목표 설정, 고객 맞춤형/개인화 마케팅, 효과적인 미디어 채널 선정, 매장 입지 선정 등 • (예: 릴펄스) 소셜데이터 활용하여 개봉 8주전 흥행을 예측, 영화사 사전 마케팅전략에 활용 • (예: 신한카드 코드9) 신한카드 2,200만 고객의 빅데이터 분석을 바탕으로 소비패턴 코드 개발, 이를 기반으로 고객 맞춤형 타겟 마케팅 제공
재무관리	• 기업 재무와 직간접적으로 연관된 각종 빅데이터 분석을 통해 재무성과 동인(動因) 파악, 성과평가지표 효율성 측정, 재무 예측 등 • (예: 더존비즈온) 빅데이터 기반 회계관리, 회계처리를 위한 기업 상거래 자료 자동 수집 및 분석 등
생산관리	• 생산과 관련된 빅데이터 분석을 통해 결함 및 품질관리, 생산 프로세스 조정, 설비 고장 예측 및 장비 최적화 관리 등 • (예: 두산중공업) 빅데이터 활용 발전소 고장 징후 예측 및 예방
HRM	• 빅데이터 분석을 통해 신규 인력 채용 시기 및 채용 분야 결정, 이직 원인 분석 및 대응, 직원 보상액 산정, 직원 교육효과 분석 등 • (예: 구글 인재분석팀) 직원의 이직/성공확률까지 분석하는 인사혁신 성공

---

7) 김은 외(2017), 4차 산업혁명과 제조업의 귀환, 클라우드나인, 343쪽.

빅데이터 활용과 관련하여 성공한 국내외 사례를 산업별로 정리하면 다음과 같다.

<표 5> 국내외 빅데이터 활용 사례

구분	산업분야 및 기업명		활용 사례
해외	제조	볼보	모든 차량 내부에 센서를 부착해 이동 중 발생하는 결함을 발견하는데 빅데이터를 활용
		히타치플랜트 테크놀로지	크레인에 센서를 부착해 무게중심의 이탈 여부를 파악하고 오작동 징후를 파악하는데 빅데이터를 활용
		마이크론 테크놀로지	제품 생산시간에 영향을 미치는 요소들을 분석해 비용 절감 방안을 수립
	유통	월마트	각 매장의 모바일과 쇼핑의 특징을 이용한 월마트랩을 운영
		아마존닷컴	과거 고객이 구매한 서적 목록 등을 분석해 개인화된 쿠폰을 발급. 최근에는 새로운 쇼핑서비스인 아마존고(AmazonGo) 서비스 시작
		자라	전 세계 2천여개 매장의 판매, 재고 데이터분석으로 무재고 시스템 실현
	서비스	T모바일	과거 탈퇴 고객의 이용 패턴을 분석해 이탈 가능성 높은 가입자를 관리
		넷플릭스	고객이 대여한 영화 목록 등을 분석해 개인 맞춤형 영화 콘텐츠 제공
		디사이드닷컴	전자제품 가격 흐름을 예측해 고객에게 적절한 구매 시기를 제공
		웰포인트	환자차트, 병원시술자료, 논문 등 모든 정보를 검색해 적절한 치료법을 제시
		쿡패드(일본)	사용자 관점에서 레시피를 공유하도록 하고 이를 바탕으로 빅데이터 분석 사업
국내	은행	IBK기업은행	소셜 미디어 데이터를 활용해 고객감성분석을 실시하여 마케팅 및 은행에 대한 평판관리에 활용
		국민은행	지도 데이터와 고객의 데이터를 결합해 지도 위에서 고객의 거래 내용을 실시간으로 볼 수 있는 시스템을 개발하여 서비스 개선에 활용
	보험	현대해상화재보험	경험과 빅데이터를 기반으로 분석하는 보험사기방지시스템을 구축하여 보험사기 적발 및 예방
		삼성화재	빅데이터 분석 솔루션을 활용하여 보험사기 고위험군 분석하고 보험사기 예방
	카드	현대카드	1000만 고객의 카드 결제 정보를 분석하고 소비 트렌드와 경기 변동상황 등을 연구하여 마케팅을 진행
		비자카드	거래 정보를 실시간으로 분석하여 부정거래 감시 시스템을 구축, 부정거래 해결비용을 최소화 하는데 빅데이터를 활용
	증권	포스콤 자본시장 IT연구소	인터넷, 소셜미디어 등에서 수집한 검색어를 분석하여 종합주가지수와 종목별 주가변동 예측에 활용

일본 최대의 레시피 회사인 쿠패드는 월간 이용자수가 5천 6백만 명이 넘는다. 2015년 현재 공유된 레시피 수가 210만개로 전 세계 어디에서도 보기 힘들 엄청난 규모의 레시피 사이트(http://cookpad.com)이다. 한국어로도 제공되는 쿠패드는 사용자 관점에서 기술을 제공하고 협업과 공유라는 재미를 흠뻑 느끼게 해주는 세계 최대의 레시피 사이트이다. 쿠패드는 유료서비스 이용자가 160만명을 넘는 회원전용사업, 광고사업, 소매 업체용 판촉지원서비스로 할인 정보를 제공하는 정보 판매사업, 그리고 쿠패드에 쌓인 엄청난 빅데이터를 활용한 데이터베이스사업(다베미루)이 주수입원이다.[8]

<그림 30> 일본 최대의 레시피 사이트 쿠패드의 홈 화면

---

8) 나카무라 고시/이현욱 역(2015), 빅데이터 분석 마케팅, 경향BP.

우리나라의 대표적인 SNS회사인 카카오톡에서는 빅데이터를 활용한 피플애널리틱스 파이랩을 운영하고 있다. 빅데이터를 분석해 구성원들간 신뢰를 강화시키는데 빅데이터를 활용하고 있다. 2015년 2명으로 출발한 파이랩은 현재는 5명으로 운영되고 있으며, 개별 구성원들에게 분석결과를 제공해 변화를 강요하기보다는 '자기인식'을 통해 조직생활에 도움을 주고 있다.

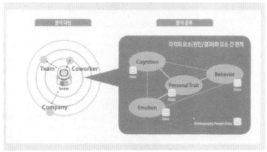

이미지 출처: 동아비즈니스리뷰, 2019년4월, 48쪽.

<그림 31> 카카오톡 파이랩

3.8 빅데이터의 성공적 활용 조건

빅데이터를 성공적으로 활용하기 위해서는 몇 가지 선행조건들이 필요하다. 맥아피와 브린율프손은 빅데이터를 성공적으로 활용하기 위한 조건으로 다섯 가지를 제시하고 있다.

첫째, 리더십 역량이다. 이는 빅데이터를 분석하는데 있어 분명한 목표를 설정해줄 수 있는 역량이 있어야 한다는 것을 의미한다. 그렇지 않으면 엉뚱한 방향으로 빅데이터를 분석하거나 수집과정에서부터 잘못된 빅데이터를 수집하게 되기 때문이다.

둘째, 역량관리능력이 필요하다. 빅데이터 분석은 많은 시간과 인내가 필요하다. 특히 본격적인 분석을 실시하기 전 데이터를 정제하고 조직화 하는 역량이 필요하다. 즉, 데이터를 분석 목적에 맞도록 정제하고, 변환하며, 평활하는 등의 과정이 필요하기 때문이다.

셋째, 시스템의 최적화 기술이 가장 중요하기 때문에 최신의 기술을 도입할 수 있는 개방된 마인드가 필요하다.

넷째, 신속한 의사결정 능력이 요구된다. 빅데이터를 활용해 문제를 해결하고자 한다면 최적의 데이터가 무엇인지를 이해하고, 분석된 결과를 적용하는 능력이 필요하다. 이를 통해 통찰력을 얻고 실행할 수 있는 결단력이 필요한 것이다.

다섯째, 데이터를 활용하고자 하는 기업문화가 중요하다. 단지 빅데이터를 가지고 있는 것에 만족하지 않고 이를 적극적으로 활용하고자 하는 조직의 문화가 조직내에 배양되어 있어야 한다.

빅데이터를 활용하는데 있어 장애요인에 대해 조사분석한 결과를 보면 다음과 같다. 대한상공회의소가 500개 국내기업의 담당자를 대상으로 조사분석한 결과를 보면 빅데이터를 활용하는데 있어 가장 큰 장애요인으로 데이터 분석 역량 및 경험 부족이 가장 큰 장애요인이라고 응답하고 있었다.

또 다른 예로 마이크로스트래티지와 한국IDG가 공동으로 조사한 결과에 의하면 신뢰할 수 있는 데이터의 확보가 가장 큰 장애요인이라고 응답하고 있었으며, 두 번째로는 분석 역량이 장애요인이라고 응답해 대한상공회의소의 연구결과와 유사한 결과를 보여주고 있었다.

이와 같은 결과를 종합하면 빅데이터를 활용하는데 있어 가장 큰 장애요인은 신뢰할 수 있는 데이터 확보의 어려움과 데이터 분석 역량을 가진 전문가의 부족이라고 할 수 있다.

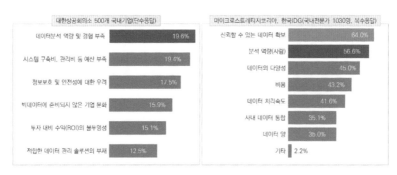

<그림 32> 빅데이터 활용의 장애 요인

2부

누구나 할 수 있는
빅데이터 분석

Ⅰ. 빅데이터 분석의 필요성

1.1 왜 분석해야 하는가

우리 속담에 '구슬이 서 말이라도 꿰어야 보배'라는 말이 있다. 빅데이터를 활용할 때도 이 속담이 정확하게 들어 맞는다. 구슬을 꿰어야 한다는 말은 결과적으로 구슬을 입맛에 맞도록 재구성해야 한다는 말로 아무리 많은 빅데이터를 가지고 있다고 하더라도 자신의 목적에 맞도록 분석하지 않으면 아무런 소용이 없다. 또한 빅데이터를 입맛에 맞도록 하기 위해서는 다양한 사안에 따라 적합한 분석 방법을 강구해야 한다. 구슬을 꿰는 방법이 하나가 아니듯이.

빅데이터를 분석한다는 것은 빅데이터를 활용하고자 하는 기업이나 조직, 각종 단체 등에게 내외부에 흩어져 있는 방대한 데이터로부터 큰 그림을 이해하고 올바른 의사결정을 내릴 수 있는 통찰력을 얻도록 해준다. 각종 리스크나 사고위험을 예측하여 관리하고, 고객들이 가장 선호하는 상품이나 서비스를 만들도록 해준다. 미래에 어떤 상품이 얼마 만큼 판매될지를 예측할 수 있도록 해준다. 따라서 데이터를 분석하는 것만큼 중요한 것은 없다.

데이터를 분석한다는 것은 보이지 않는 문제를 보다 명확하게 해주거나 숨어 있는 문제들의 유형을 분명하게 해주어 해결가능한 문제로 바꾸어준다. 예를 들어, 겉으로 드러난 무의 잎사귀가 무성하다고 땅 속에 있는 무가 정말로 크게 튼실한 무가 들어 있을까? 그것은 아무도 알 수 없다. 직접 파보지 않고서는 무의 크기를 가늠할 수 없기 때문이다. 만약 잎사귀만 무성한 겉만 보고 성과가 크게 나타날 것이라고 예단하고 의사결정을 하거나 대규모의 투자를 결정했다면 어떤 결과가 나타날까? 실제는 그렇지 않은데.

아마도 회사는 엄청난 손실을 입게 될 것이다. 이와 같이 데이터를 분석한다는 것은 숨어 있는 문제를 보다 명확하게 정의해주고 실패를 줄여주는 역할을 한다. 나아가 이러한 실패의 감소는 기업이나 조직의 성장으로 이어지는 귀한 밑거름이 된다.

빅데이터를 분석하는 기본 목적은 소비자의 변화와 기업을 둘러싼 환경이 급격하게 변하기 때문이다. 이로 인해 증대되는 미래의 불확실성을 극복하고 경쟁에서 차별적 우위를 차지하기 위해서 빅데이터 분석이 필요하다. 이를 통해 특정 제품이나 서비스에 대한 문제를 해결하거나 기회를 포착할 수도 있고, 불확실성 하에서 최적의 의사결정을 할 수 있는 통찰력을 얻기 위해 빅데이터 분석이 필요한 것이다.

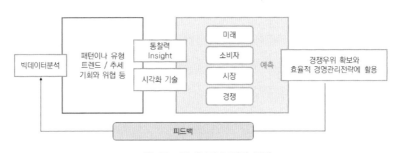

<그림 33> 빅데이터 분석의 목적

1.2 빅데이터 분석 역량이 경쟁력

명검(名劍)을 가지고 있다고 해서 최고의 무사가 되는 것은 아니다. 검의 이치를 깨달아야 비로소 최고의 무사가 될 수 있듯이 빅데이터를 가지고 있다고 해서, 빅데이터를 분석할 수 있는 최고의 분석 시스템이나 분석 소프트웨어를 가지고 있다고 해서 누구나 다 최고의 무사가 될 수 있는 것은 아니지 않는가. 데이터가 가지고 있는 분포특성이나 패턴, 추세, 상호 연관성 등을 파악할 수 있어야 비로소 데이터가 가지는 의미를 알 수 있지 않겠는가. 따라서 통계는 빅데이터를 해석하는데 있어 필수 불가결한 요소이다.

통계(統計, statistics)라는 용어는 수학적인 방법을 활용하기는 하지만 결과적으로 데이터의 특성이나 관계 등을 요약(summary)하는 것이다. 데이터를 있는 그대로 나열만 한다면 무슨 의미가 있겠는가. 그냥 나열되어 있으면 모아 놓은 의미가 전혀 없지 않은가. 데이터를 이용해 어떤 방식으로든 요리(분석)를 해야 비로소 그 맛을 알 수 있지 않겠는가.

한국정보화진흥원의 최근 자료에 의하면 우리나라의 빅데이터 경쟁력은 선진국에 비해 많이 부족한 것으로 나타났다. 도입률은 선진국을 100으로 했을 때 4.3 정도의 수준이며, 기술수준 역시 62.6으로 선진국에 비해 턱없이 부족한 경쟁력을 갖고 있다.

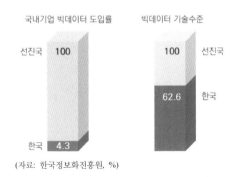

국내기업 빅데이터 도입률　　빅데이터 기술수준

선진국 100　　100 선진국

62.6 한국

한국 4.3

(자료: 한국정보화진흥원, %)

<그림 34> 국내 빅데이터 산업의 경쟁력

또한 전자신문에 의하면 우리나라에서 빅데이터를 도입해서 성공한 기업은 겨우 7%에 불과하다는 것이다. 원인은 잘못된 접근방식에 있다는 것인데 이는 데이터분석 역량의 부족이 주요인이라고 할 수 있다.

<그림 35> 빅데이터 실패의 원인: 전자신문

빅데이터의 가치를 높이기 위해서는 빅데이터가 핵심자원임을 인식하고 필요한 정보를 추출하도록 자원을 키워나가야 한다. 이렇게 수집된 빅데이터는 책상이나 USB 메모리에 담겨 있는 상태로는 전혀 가치 있다고 할 수 없다. 데이터를 분석하고 분석된 결과들에서 의미 있는 패턴을 찾을 때만이 빅데이터로서 값어치가 있다.

빅데이터의 품질에는 크게 데이터 자체의 품질과 내용상 품질이 있다. 데이터 자체의 품질은 데이터에 결측치가 많지 않아야 품질이 좋다는 것을 의미한다. 또한 내용적 품질은 데이터가 있지만 그 내용이 빠지지 않고 모두 충실하게 기재되어 있는지의 여부를 말한다.

즉, 주소라는 변수가 있다고 가정했을 때 시·군·구와 번지까지 빠짐 없이 기재되어 있다면 이는 데이터의 내용적 품질이 좋다고 할 수 있지만 그렇지 않다면 데이터의 내용적 품질이 좋지 않다고 할 수 있다.

데이터는 크게 세 가지 유형으로 나뉜다. 원시데이터와 정보, 인텔리전스 정보로 나뉘며, 가장 가치 있는 정보가 인텔리전스 정보이다.[9]

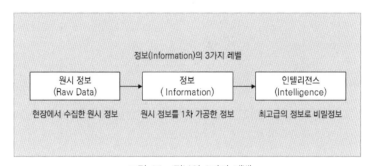

<그림 36> 정보의 3가지 레벨

❑ 원시데이터

○ 현장에서 직접 수집된 원시데이터

○ 디지털 흔적으로 가공되지 않고 쌓여 있는 정보

○ 누구나 소유가 가능한 데이터

❑ 정보

○ 원시데이터를 특정 목적달성을 위해 가공한 데이터

○ 중간관리자 이상이 주로 활용

---

9) 최천규, 김주원, 이상국(2018), 진격의 빅데이터, 이담북스, 98쪽.

○ 개선이나 혁신 등의 자료로 활용

❑ 인텔리전스 정보
○ 최고급의 정보
○ 경영진 등 일부만 접근 가능
○ 전략과 전술, 경영이념, 인수합병 등에 활용

1.3 빅데이터의 본질은 빅 인사이트(big insight)

빅데이터의 본질은 인사이트를 얻는데 있다. 과거 소규모의 데이터로도 인사이트를 얻을 수 있었으나 데이터의 규모가 작다 보니 그만큼 미래를 예측하는데 오차가 클 수밖에 없었다. 데이터를 얻는데 들어가는 비용이 크다보니 모집단을 대표하는 집단을 대상으로 데이터를 얻더라도 제한적인 범위와 대상일 수밖에 없었다. 그만큼 소규모의 데이터로부터 정보를 얻어 인사이트를 얻어야 하다보니 소규모의 데이터가 커버할 수 없는 부분이 생길 수밖에 없고, 이는 고스란히 오차로 나타날 수밖에 없었다.

빅데이터를 사용하는 것이 좋은 이유는 하나의 데이터가 결과에 미치는 영향력이 데이터가 많아질수록 적어진다는데에 있다. 예를 들어, 100개의 데이터 중 1개의 데이터가 결과에 미치는 영향력보다 1백만개의 데이터 중 1개의 데이터가 결과에 미치는 영향력이 더 적기 때문에 데이터가 많아질수록 오류가 적어진다. 그러나 한가지 명심할 것은 데이터의 크기가 커진다고 해서 반드시 데이터의 가치도 커진다는 것은 아니라는 사실이다. 무엇보다도 데이터의 양이 적더라도 그 안에 고객이나 문제해결을 위한 정보가 충분하다면 쓸모 없는 빅데이터보다 더 가치가 있는 데이터라고 할 수 있기 때문이다.

빅데이터는 수많은 데이터의 다양한 패턴이나 속성을 갖고 있기 때문에 그만큼 오차가 줄어들 수밖에 없다. 과거 표본조사를 통해 얻었던 데이터의 정밀도는 구멍이 큰 그물이라고 할 수 있는 반면에 빅데이터는 보다 더 촘촘한 구멍을 갖는 그물이라고 할 수 있다. 그렇기 때문에 표본데이터나 소규모의 데이터가 주는 오차를 현저하게 줄여주고, 이는 예측이나 분석의 정확도로 나타난다.

어떤 현상(문제)에 대해서 관련된 데이터를 수집한 뒤 이를 분해하여
데이터 속에 숨어 있는 의미 있는 패턴을 찾아내서 문제해결이나 의사결정 등에 활용하는 것

<그림 37> 빅데이터의 본질은 통찰력

1.4 숫자를 통한 빅데이터 가치 향상

회사에서 잘나가는 사람과 그렇지 못한 사람의 차이점은 얼마나 상대를 설득하는 능력을 가졌느냐의 여부에 달려 있다. 특히 무의식적으로 숫자를 사용하고 말 대신 '표'나 '그림 혹은 차트를 이용해

설득한다. 막연한 어휘를 사용하기보다 숫자를 사용하면 상대방에게 신뢰감을 줄 뿐만 아니라 설득력을 높여 일이 원활하게 돌아가도록 한다. 윗사람에게 신뢰감을 주어 탄탄대로를 갈 수 있다.

세계적인 석학 피터 드러커 교수는 숫자를 활용해야 하는 이유를 다음과 같이 말하기도 했다.10)

> "어떤 현상을 숫자로 표현하지 못하는 것은 문제를 정확히 알고 있지 못하다는 것이고, 정확히 알고 있지 못하다는 것은 관리할 수 없다는 것이고, 또한 개선할 수 없다는 것이다."

이미지 출처: 구글, <피터 드러커>

흔히 요즘 세상을 스마트세상이라고 말한다. 그러나 스마트세상이라고 말하면서 사실 스마트세상이 무엇을 의미하는지 애매모호한 것도 사실이다. 어떤 사람들은 스마트세상을 스마트폰을 사용하는 세상쯤으로 이해하기도 한다. 그렇다면 스마트세상이란 무엇일까? 스마트한 세상이란 쉽게 말해 모든 일이 막연하지 않고 명확하게

---

10) 최천규 · 김주원 · 이상국(2018), 진격의 빅데이터, 이담북스.

드러나는 세상을 말한다. 첨단기술을 이용해 각종 정보가 확연하게 쏟아지고, 맘만 먹으면 모든 사람의 일거수일투족을 각종 블로그나 SNS를 통해 들여다 볼 수도 있다. 멀리 떨어져 있어도 가상공간을 이용해 함께 공부하고 일할 수 있는 세상이 스마트세상이다.

이런 스마트세상에서 단연 돋보이는 것이 숫자다. 모든 세상이 숫자로 표현되고 있다. 이 숫자를 이용해 신제품을 개발하고, 소비자집단을 세분화한다. 생산 공정을 개선하고, 소비자특성에 맞춘 보험 상품을 만든다. 숫자를 이용해 불금에 시민들의 안전한 귀가를 돕는 심야버스 노선을 조정하여 개선하기도 한다. 강력범죄를 줄이기 위해 범죄율과 각종 숫자정보를 통합해 시민들의 생명을 보호하기도 한다. 숫자는 디지털세상을 더욱 값어치 있게 해주는 마법의 지팡이가 되고 있다.

빅데이터를 통해 인사이트를 얻기 위해서는 단계적 분석기술을 갖추고 있어야 한다. 비즈니스의 상황에 따라 현황분석이 필요한지, 원인분석이 필요한지, 아니면 예측분석이나 예측 최적화 분석이 필요한지를 알고 그에 적합한 분석기술을 적용해야 최상의 통찰력을 얻을 수 있는 것이다.

빅데이터를 이용한 단계적 분석기술인 현황분석, 예측분석, 예측 최적화 분석에 대해 설명하면 다음과 같다.[11]

현황분석(기술분석 또는 진단분석이라고도 함)은 과거 데이터를 바탕으로 한 일반적인 기초통계를 통해서 전반적인 상황을 파악하고 확인하는 작업을 말한다. 빈도나 합산 등을 이용해 알아보기 쉽게 정리(보고서)하여 아는 것을 비교 검증하고 사건에 대한 원인을

---

11) 김옥기(2018), 데이터과학, 무엇을 하는가, 이지스퍼블리싱, 36쪽.

파악하여 진단하기도 하는데 주로 BI(비즈니스 인텔리전스)툴을 활용한다.

다음으로 예측분석(또는 추정분석)은 과거나 현재 데이터에 기초해서 실제 존재하고 있지만 모르는 사실을 추정하는 것으로, 또는 가까운 미래에 발생할 가능성이 있는 사안들을 추측하는 것을 가리킨다.

마지막으로 예측 최적화 분석은 추정 분석 또는 예측 분석 모델을 실제 실행했을 때 가장 바람직한 결과가 예상되는 모델이 어떤 것인지를 분석하는 것을 일컫는다. 예측 최적화 분석은 분석환경이 변화하면 분석 모델 자체가 스스로 교정하는 과정을 포함하기도 한다.

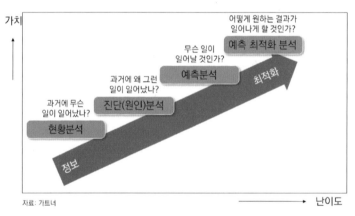

자료원: 김옥기(2018), 데이터과학, 무엇을 하는가, 이지스퍼블리싱, 36쪽.

<그림 38> 빅데이터를 활용한 단계적 분석기술

1.5 진화하는 빅데이터 인텔리전스

빅데이터가 비즈니스 영역에서 폭넓게 활용되면서 비즈니스 인텔리전스(BI)에서 비즈니스 애널리틱스(BA) 관점으로 진화되고 있다. 비즈니스 애널리틱스는 기존의 비즈니스 인텔리전스의 개념을 포함하되 더 나아가 데이터의 생성부터 폐기까지 전사적인 범위에서 기업의 미래를 예측하는 것을 의미한다고 할 수 있다.[12] 기술적으로 비즈니스 애널리틱스는 비즈니스 인텔리전스 기술 외에 ETL(시스템에서 시스템으로 데이터를 이동시키는 기술로 추출, 변환, 전송해서 올려 놓는 기술), 데이터 통합(data integration), 분석, 예측, 최적화 기술들이 통합된 개념이다. 또한 비즈니스 애널리틱스 영역에는 기존의 비즈니스 인텔리전스 툴 외에 통계분석, 시계열 예측, 예측모델링, 최적화 등이 있다.

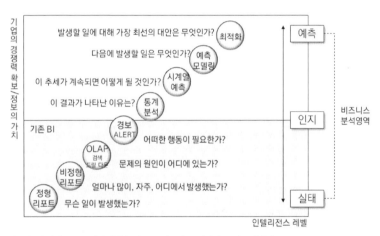

자료원: 송민정(2017), 빅데이터가 만드는 비즈니스 미래지도, 한스미디어, 87쪽.

<그림 39> 비즈니스 애널리틱스로의 진화

---

12) 송민정(2017), 빅데이터가 만드는 비즈니스 미래지도, 한스미디어, 86쪽.

Ⅱ. 빅데이터 분석절차와 분석도구 활용법

2.1 빅데이터 분석 절차

빅데이터를 처리하는 과정은 크게 여섯 단계로 구분할 수 있다.[13] 그러나 무엇보다도 빅데이터를 처리하기 전에 자신이 하고자 하는 업(業)의 특성을 가장 먼저 고려해야 한다. 업의 특성을 이해하지 못하면 어떤 데이터가 필요한지, 어떤 데이터가 내부에 존재하는지, 무엇을 분석할 것인지를 감을 잡기 어렵기 때문이다. 따라서 빅데이터를 분석하기 전에 최우선적으로 업의 특성을 먼저 파악하는 노력이 필요하다.

빅데이터를 분석하기 위한 첫 번째 단계는 빅데이터를 수집하는 과정으로 조직의 내·외부에 있는 정형화, 반정형화, 비정형화된 데이터를 수집하는 과정이다. 빅데이터 수집과정은 단순히 데이터를 확보하는 것만을 의미하는 것이 아니라 데이터를 검색하여 수집하고, 변환과정을 통해 정제된 데이터를 확보하는 일련의 과정을 말한다.

두 번째 단계는 빅데이터를 저장·관리하는 단계로 확보된 빅데이터로부터 유용한 정보를 얻기 위해 효과적으로 저장 및 관리하는 과정이다. 수집된 빅데이터를 분석에 사용하기 적합하도록 안전하게 영구적인 방법으로 보관하는 것을 말한다. 빅데이터 저장은 빅데이터 전/후처리와 빅데이터 저장으로 나눈다. 빅데이터 전처리

---

13) 최천규, 김주원, 이상국(2018), 진격의 빅데이터, 109쪽.

(pre-processing)과정은 활용목적에 맞지 않는 정보를 필터링하고, 유형을 변화시키며, 빠진 값(missing value)이나 데이터 속에 있는 노이즈를 제거하여 정제하는 작업까지를 포함한다. 후처리과정에서 데이터 변환은 다양한 형식으로 수집된 데이터를 분석에 용이하도록 일관성 있는 형식으로 변환시키는 것을 말한다. 그 다음으로는 평활화(smoothing), 집계(aggregation), 일반화(generalization), 정규화(normalization), 속성생성(attribute/feature construction) 등의 과정을 거치게 된다. 또한 출처가 다른 연관성 있는 데이터를 통합하는 과정과 불필요한 데이터를 축소하는 과정도 후처리과정에 해당한다.

세 번째 단계는 빅데이터 처리과정이다. 빅데이터 처리는 기존의 데이터 처리방식과는 다르게 의사결정의 즉시성이 덜 요구되는 특성이 있다. 또한 대용량의 데이터에 기반을 두고, 분석위주로 장기적이면서 전략적인 특성을 가진다. 빅데이터 처리는 단순한 프로세싱 모델이 아닌 다양한 소스로부터 데이터를 가져오기 때문에 복잡한 로직처리를 거치게 되는데 통상적으로 분산처리기술을 필요로 한다. 빅데이터를 처리하는 기술 중에 일괄처리(batch processing)기술이 선호되는데 일괄처리란 쌓인 데이터를 여러 서버로 분산해서 처리한 뒤, 이를 다시 모아서 결과를 정리하는 분산, 병렬처리 기술 방식으로 사용한다. 대표적으로 하둡의 맵리듀스, 마이크로소프트사의 드라이애드가 있다.

네 번째는 빅데이터 분석단계이다. 빅데이터로부터 의미 있는 결과나 시사점을 얻어내기 위해서 분석계획을 수립하고, 분석시스템을 구축하며, 분석을 실행하는 3단계의 과정으로 이루어진다. 빅데이터를 분석하기 위한 기법들은 통계학과 전산학, 그리고 머신러닝이나 데이터 마이닝분야에서 사용되던 알고리즘을 개선하여 빅데이터분석에 활용하고 있다. 최근에는 SNS 등에서 생성되는 비정형 데이터를 분석하기 위한 기법으로 텍스트 마이닝기법과 네트워크분석, 군집분석 등이 각광을 받고 있다. 빅데이터 분석기법으로는 빅데이터 통계분석, 데이터 마이닝, 텍스트 마이닝, 예측분석, 평판분석, 최적화분석, 소셜네트워크분석, 소셜 빅데이터분석 등이 있다.

　다섯 번째는 빅데이터 분석결과를 이용한 시각화 단계이다. 시각화란 매우 크고, 복잡한 빅데이터 속에서 의미 있는 결과나 시사점을 찾아내기 위해서 사람들이 직관적으로 이해하기 쉽도록 분석결과를 표현하는 기술이다. 시각화의 과정은 획득(acquire), 분해/분석(parse), 필터링(filter), 의미도출(mine), 시각적 표현(represent), 개선(refine), 상호작용(interact)의 7단계로 이루어진다.

1. 획득(acquire)

디스크의 파일이나 네트워크를 통해서 시각화 하고자 하는 데이터를 획득한다.

2. 분해/분석(parse)

데이터의 의미를 해설할 수 있도록 구조화 한다.

3. 필터링(filter)

시각화의 대상이 되는 중요하고, 관심 있는 데이터만 남기고 나머지는 제거한다.

4. 의미 도출(mine)

통계학이나 데이터 마이닝 등의 분석기법을 이용하여 패턴이나 유사성, 차이 등을 파악하거나 수학적인 맥락화를 시도한다.

5. 시각적 표현(represent)

막대그래프, 선 그래프, 파이차트 등을 활용하거나 리스트, 트리 구조 등의 기본적인 시각화 모델을 이용하여 분석결과를 표현한다.

6. 개선(refine)

기본적으로 표현된 시각화 결과에 대해 더 명확화 하고 시각적으로 돋보이게 개선한다.

7. 상호작용(interact)

사용자가 데이터를 변경할 수 방법이나 내용을 조절할 수 있는 방법이나 스킬을 제공한다.

여섯 번째 단계는 사용한 빅데이터를 폐기하는 단계이다. 특히 개인정보와 같은 데이터는 이용목적을 달성한 후에는 지체 없이 폐기처분해야 한다. 정보의 가치가 없는 데이터들 역시 분석 후에는 지체 없이 폐기해야 한다. 유의할 사항은 빅데이터 분석 시 분산처리기술을 활용했다면 여러 곳에 분산·저장되어 있는 정보가 모두 완전하게 폐기되었는지 꼼꼼하게 검증할 필요가 있다. 혹 다른 용도로 사용되지 않도록 해야 한다.

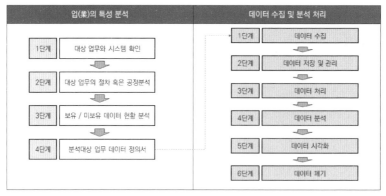

| 업(業)의 특성 분석 | 데이터 수집 및 분석 처리 |

1단계	대상 업무와 시스템 확인
2단계	대상 업무의 절차 혹은 공정분석
3단계	보유 / 미보유 데이터 현황 분석
4단계	분석대상 업무 데이터 정의서

1단계	데이터 수집
2단계	데이터 저장 및 관리
3단계	데이터 처리
4단계	데이터 분석
5단계	데이터 시각화
6단계	데이터 폐기

<그림 40> 빅데이터 처리 절차

2.2 빅데이터 분석 도구

빅데이터를 분석하는 툴은 매우 다양하게 나와 있다. 우리가 자주 쓰는 엑셀 역시 빅데이터 분석도구로 전 세계인들이 즐겨 사용하는 도구다. 빅데이터 분석도구로 가장 많이 활용되는 도구는 뉴질랜드 오클랜드대학의 로버트 젠틀맨(Robert Gentleman)과 로스 이하카(Ross Ihaka)가 개발한 R프로그래밍 언어(줄여서 R이라 칭함)다. R은 오픈 소스로 제공되는 프로그램으로 많은 이들이 개발에 함께 참여하고 있다. R은 그 자체로서 분석기능을 가지고 있지만, 전 세계의 많은 개발자들이 R을 기반으로 한 개별적인 분석도구들을 개발하여 라이브러리 형태로 무료로 배포하는데 그 가짓수가 약 1만4천개가 넘는 것으로 알려져 있다. 또한 R을 편리하게 사용할 수 있는 유틸리티로 RStudio라는 프로그램이 있다.

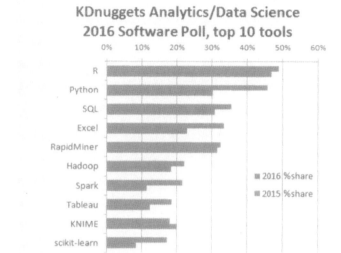

자료원: 케이디너겟츠닷컴

<그림 41> 빅데이터 분석도구 사용률

그 다음으로 많이 사용되는 도구가 네덜란드의 프로그래머인 귀도 반 로섬(Guido van Rossum)이 발표한 파이썬(Python)이다. 파이썬은 귀도가 좋아하는 코미디 프로그램 <Monty Python's Flying Circus>에서 타온 것이다. 세 번째로 많이 사용되는 도구는 엑셀인 것으로 나타났다.

2.3 R과 RStudio

빅데이터 분석도구로 가장 많이 사용되는 R 프로그램은 그 자체로서 분석도구이면서 또한 플랫폼의 성격을 가지고 있다. R 자체만으로도 훌륭한 분석과 그래프 기능을 제공하지만, R의 또 다른 장점은 1만 여개에 이르는 다양한 분석도구를 덧붙여서 사용할 수 있다는 것이다. 동일한 분석목적에 대해 개발자가 다른 다양한 패키지(R에서는 이를 라이브러리라 부름)가 존재하기 때문에 본인의 선택에 따라 사용할 수 있다.

　무료로 제공되는 오픈 소스 프로그램인 R은 R을 기반으로 사용자가 직접 라이브러리를 만들어 올리고, 전 세계 누구나 손쉽게 다운받아서 사용할 수 있기 때문에 많은 이들로부터 호평을 받고 있다.

<그림 42> R House

R은 기본적으로 다음과 같은 특징을 가진다.[14]

첫째, 오픈 소스 기반 무료 소프트웨어이다.
둘째, 다양한 종류의 정형·비정형 데이터를 이용할 수 있는 포

---

14) 최천규, 김주원, 이상국(2018), 156쪽.

괄적인 통계 플랫폼이다.

셋째, 멀티운영 환경을 지원한다.

넷째, 시각화 기능을 지원한다.

다섯째, 작업의 재현성을 제공한다.

여섯째, 전 세계적 커뮤니티 생태계를 형성하고 있다.

빅데이터 분석 도구로 가장 많이 사용되는 R을 사용하기 위한 설치방법은 다음과 같다. 기본적으로 인터넷에 연결되어 있어야 하며, 인터넷에 연결이 어려운 경우에는 패키지를 내려 받아 설치하거나 업데이트를 실시하면 된다.

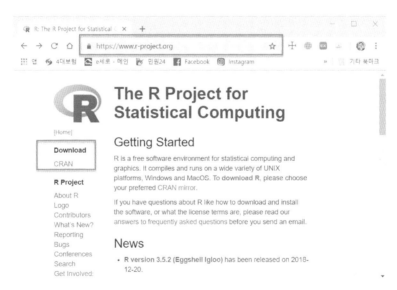

<그림 43> R 설치순서 1

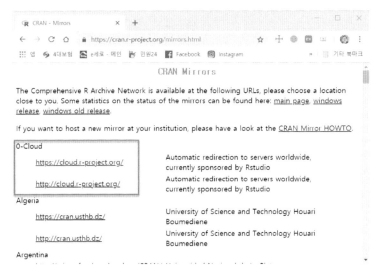

<그림 44> R 설치순서 2

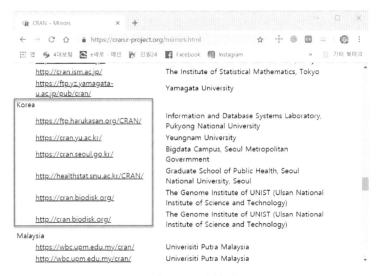

<그림 45> R 설치순서 3

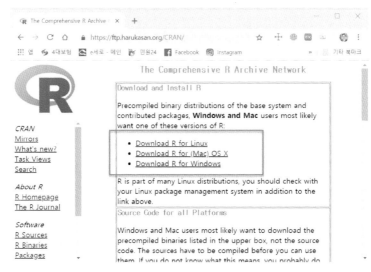

<그림 46> R 설치순서 4

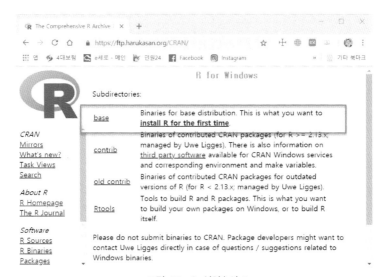

<그림 47> R 설치순서 5

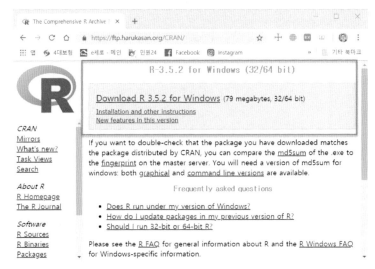

<그림 48> R 설치순서 6

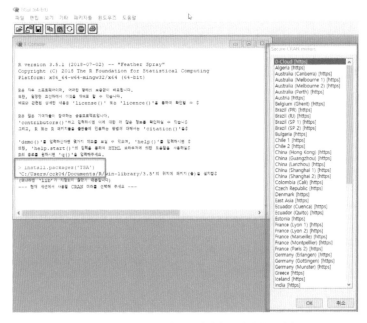

<그림 49> R에 추가적으로 패키지를 설치하는 화면

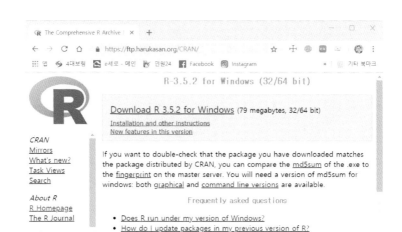

<그림 50> R 패키지를 오프라인에서 설치할 때 파일 위치

<그림 51> R 패키지를 오프라인에서 설치하기 위한 패키지 화면

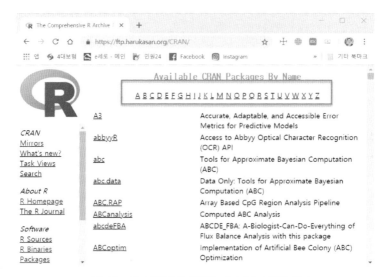

<그림 52> 오프라인에서 설치할 패키지를 소팅한 화면

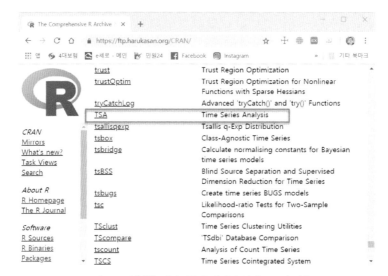

<그림 53> 설치할 패키지들과 패키지 설명(TSA의 경우)

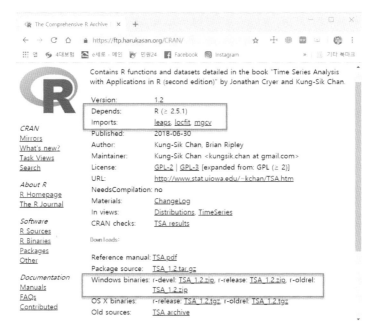

<그림 54> 설치할 패키지들과 패키지 설명(TSA의 경우)

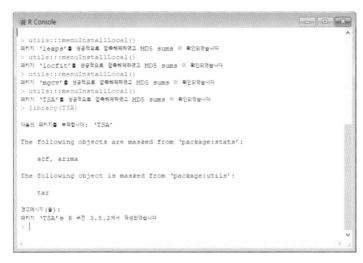

<그림 55> 패키지 설치 완료 화면

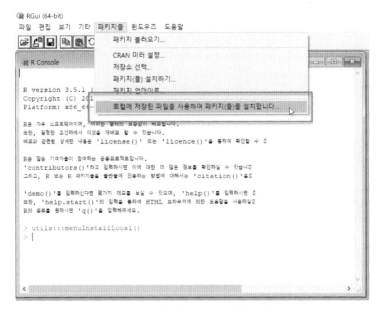

<그림 56> 오프라인에서 패키지 설치할 때의 메뉴

<그림 57> RStudio에서 오프라인으로 패키지를 설치할 때

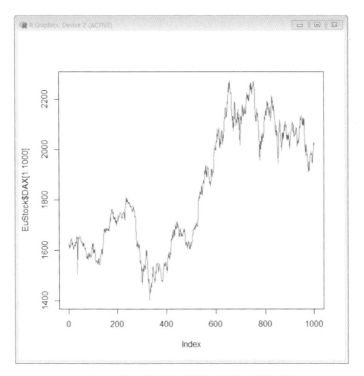

<그림 58> TSA 패키지로 시계열 분석을 실시한 결과

R 프로그램은 전 세계적인 커뮤니티 덕분에 최신의 통계기법의 개발·적용 속도가 매우 빠르다. 그러나 윈도우즈나 iOS 운영체제에 익숙한 풀 다운 메뉴체제가 아니라 함수를 외워서 사용해야 하기 때문에 사용에 약간의 불편함이 있다. 다만 다양한 통계 도구를 제공해주는 편리함이 있어, 사용의 불편함이 있을지라도 분석력에 장점이 많이 있다는 점은 매력적이라고 할 수 있다.

RStudio는 R 프로그램을 보다 편리하게 사용할 수 있도록 4개의 패널창을 지원한다.

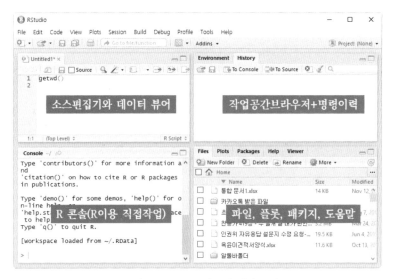

<그림 59> RStudio의 4개 패널 구성

좌측 위의 패널은 소스 편집기와 데이터 뷰어 창으로 프로그램을 한꺼번에 작성해서, 일시에 수행할 수 있도록 편리한 기능을 제공해 준다. 좌측 하단의 패널은 R 프로그램의 콘솔과 동일하며, 순차적으로 한줄 한줄 직접 작업을 할 경우에 활용할 수 있다. 우측 상단의 패널은 작업공간 브라우저와 그동안 작업한 명령 이력을 볼 수 있는 창이다. 우측 하단의 창은 윈도우즈의 탐색기와 같은 창이며, 분석결과를 보여주는 패널이다. 또한 시스템에 설치된 R과 관련된 각종 라이브러리(패키지)를 보여주며, 시각화 결과를 보여줘 그림 파일 등으로 활용할 수 있는 기능을 제공해준다.

2.4 파이썬(Python) 설치 및 활용

파이썬을 설치하기 위해서는 우선 파이썬 홈페이지를 방문해서 파일을 다운 받아 설치해야 한다. 홈페이지 주소는 'https://www.python.org'이다. 파이썬 홈페이지에 다운로드 메뉴를 누르고 컴퓨터 OS에 맞는 최신 버전의 파이썬을 다운 받아 설치하면 된다.

<그림 60> 파이썬 홈페이지

파이썬을 설치할 때 한가지 주의할 점은 설치화면 하단에 있는 'Add Python 3.7 to PATH'란을 체크한 후 설치해야 도스창(窓)어디에서나 파이썬을 실행 시킬 수 있다.

<그림 61> 파이썬 설치 최초 화면

설치 후에 파이썬의 정보를 확인하기 위해 도스창을 열어서 확인해볼 필요가 있다. 도스창을 여는 방법은 다음과 같다.

(1) 윈도우(키캡) + R을 누른 다음 "cmd"를 누르면 도스창(窓)이 열린다.

(2) 도스창에 'python'을 입력하면 파이썬에 대한 다음과 같은 정보가 출력된다.

"Python 3.7.1 (v3.7.1:260ec2c36a, Oct 20 2018, 14:05:16) [MSC v.1915 32 bit (intel)] on win32 Type "help", "copyright", "credits" or "license" for more information. "

<그림 62> 도스창에서 파이썬(python) 명령어를 실행 시켰을 때 출력 메시지

<그림 63> 파이썬(python)을 실행시킨 도스창

파이썬에는 프로그램이나 분석을 하기 위한 많은 모듈(라이브러리)이 설치되어 있다. 파이썬에 설치된 모듈을 확인하기 위해서는 도스청에서 'pip list'를 입력하면 설치된 모듈들을 확인할 수 있다.

> pip list

위와 같이 입력하면 아래 화면과 같이 설치된 모듈의 리스트와 버전 정보가 출력된다. 저자는 해당 모듈들을 이미 설치했기 때문에 독자들의 화면 출력결과와는 약간씩 다르게 나타날 것이다.

<그림 64> 도스창에서 pip 리스트를 실행한 결과

모듈 혹은 라이브러리(분석패키지)를 설치하기 위해서는 다음과 같은 명령어를 입력해서 설치한다. 예를 들어, 데이터분석에 특화된 'pandas'라는 모듈을 설치할 경우에는 다음과 같이 도스창에 입력하면 된다.

> pip install pandas

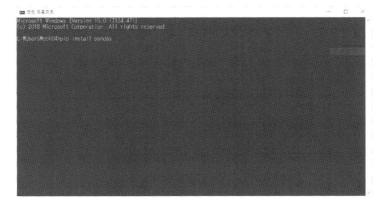

<그림 65> pandas 설치 화면

설치한 다음 해당 모듈을 사용하기 위해서는 불러와야 하는데 이 때 명령어는 'import' 명령어를 사용한다. import 명령어 다음에 '〜 as〜'라는 명령어를 덧붙이는데 이는 파이썬 프로그래밍을 할 때 모 듈을 간략하게 축약시켜 사용하기 위한 것이다.

예를 들어, 위에서 설치한 'pandas'라는 모듈을 불러오기 위해서 는 쉘 창에 다음과 같이 입력한다.

```
> import pandas as pd
> import numpy as np
```

이는 pandas 라는 모듈을 불러오고 pandas를 'pd'라는 이름으로 축약해서 이제부터 사용하겠다라는 의미이다. pandas 밑에 불러온 'numpy'는 데이터 분석 시 pandas와 더불어 아주 유용하게 사용되 는 모듈이다.

<그림 66> 파이썬 쉘 실행화면

파이썬에는 시각화를 위한 도구인 seaborn 이라는 패키지가 있다. 이를 이용하기 위해서는 먼저 모듈을 설치해야 하며, 다음과 같이 설치할 수 있다.

> pip install seaborn

그런 다음 파이썬을 실행시키고 'matplotlib', 'numpy', 'seaborn'를 불러와서 시각화를 진행하면 된다. 데이터 세트는 내장된 데이터를 활용하였다. 독자들은 자신들이 가지고 있는 데이터를 불러와서 사용하면 된다.

　시각화에 사용할 모듈을 모두 불러온 다음 내장된 데이터(tips)를 불어와서 'tips'라는 데이터 프레임으로 저장하였다. 저장한 다음 데이터를 확인하기 위해 일부 데이터의 형태를 불러왔다. 'tips.head(10)'이라는 명령어는 tips라는 데이터 프레임에서 맨 위에서부터 10번째까지의 데이터를 보여주라는 명령어이다. tips라는 데이터 세트는 '요일별 점심, 저녁, 흡연여부와 식사금액, 팁'을 정리해 놓은 데이터이다.

```
> import matplotlib.pyplot as plt
> import numpy as np
> import seaborn sns
> tips = sea.load_dataset("tips")
> tips.head(10)
```

　아래와 같이 처음부터 10번째까지의 데이터가 출력되었다.

```
🐍 Python 3.7.1 Shell                                           —     □     ×

File  Edit  Shell  Debug  Options  Window  Help
Python 3.7.1 (v3.7.1:260ec2c36a, Oct 20 2018, 14:05:16) [MSC v.1915 32 bit (Inte
l)] on win32
Type "help", "copyright", "credits" or "license()" for more information.
>>> import matplotlib.pyplot as plt
>>> import numpy as np
>>> import seaborn as sns
>>> tips=sns.load_dataset("tips")
>>> tips.head(10)
   total_bill   tip      sex smoker  day    time  size
0       16.99  1.01   Female     No  Sun  Dinner     2
1       10.34  1.66     Male     No  Sun  Dinner     3
2       21.01  3.50     Male     No  Sun  Dinner     3
3       23.68  3.31     Male     No  Sun  Dinner     2
4       24.59  3.61   Female     No  Sun  Dinner     4
5       25.29  4.71     Male     No  Sun  Dinner     4
6        8.77  2.00     Male     No  Sun  Dinner     2
7       26.88  3.12     Male     No  Sun  Dinner     4
8       15.04  1.96     Male     No  Sun  Dinner     2
9       14.78  3.23     Male     No  Sun  Dinner     2
>>> |




                                                          Ln: 19  Col: 4
```

<그림 67> 파이썬에서 데이터를 불러온 결과

matplotlib 모듈은 'plt', seaborn은 'sns'로 대체하여 사용하도록
했으므로 다음과 같이 명령어를 입력해서 박스플롯(boxplot)을 출
력한다.

> plt.figure(figsize=(8,6))
> sns.boxplot(x= "day", y= "total_bill", data=tips)
> plt.show( )

위의 명령어를 차례로 실행하면 다음과 같은 멋진 박스플롯을 얻을 수 있다.

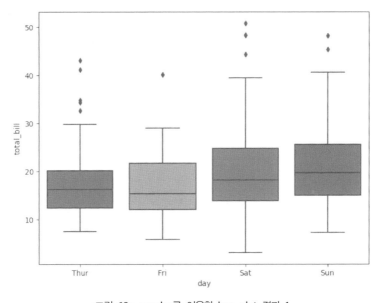

<그림 68> pandas를 이용한 box plot 결과 1

박스플롯이 열려 있는 상태에서는 파이썬 프롬프트가 나타나지 않으므로 다음 명령어를 입력하기 위해서는 박스플롯을 닫아주면 된다.

데이터 세트에 있는 다른 변수를 이용해서 박스플롯을 보다 세밀하게 그릴 수 있다. seaborn의 옵션 명령어 중에 'hue'라는 옵션이 있는데 이를 이용하면 박스플롯을 보다 정교하게 그리거나 혹은 새로운 통찰력을 얻는데 활용할 수 있다.

예를 들어, 위의 박스플롯은 요일별로 식사금액의 지출현황을 그려 놓은 것인데 '흡연 유무'에 따라 '요일별 식사금액'에 어떤 차이가 있는지를 살펴볼 수 있다.

다음과 같이 seaborn 명령어에 'hue' 옵션 명령어를 활용하여 보다 나은 통찰력을 얻을 수 있다.

```
> sns.boxplot(x= "day", y= "total_bill", hue= "smoker", data=tips, palette=
  "Set3")
> plt.show( )
```

위의 명령어에서 파렛트(palette)는 색상번호를 지정하는 명령어이며, 여기에서는 'Set3'이라는 색상번호를 사용했다.

출력된 그래프는 다음과 같다.

이 그래프를 보면 '흡연자(Yes)'의 식사금액이 '비흡연자(No)'의 그것보다 많은 것을 알 수 있다. 지금은 식당에서 흡연을 할 수 없지만 흡연이 가능했던 시절에는 식당에서 식사하면서 흡연이 가능했기 때문에 식당에 머무는 시간이 더 많고, 따라서 음식값을 더 많이 지출할 수 밖에 없었을 것이라고 판단할 수 있을 것이다.

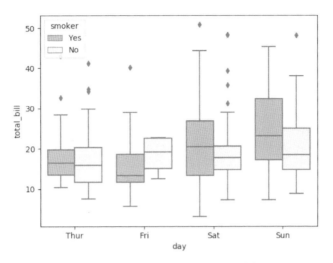

<그림 69> pandas를 이용한 box plot 결과 2

2.5 파이썬에서 아나콘다 설치 및 활용

파이썬을 보다 편리하게 사용할 수 있는 아나콘다라고 하는 유틸리티 프로그램을 설치하여 사용할 수 있다. 아나콘다는 Continuum Analytics라는 곳에서 만든 파이썬 배포판으로, 453개 정도의 파이썬 패키지를 포함하고 있다. 또한 상업용으로도 무료로 사용할 수 있으므로 회사 내에서도 사용할 수 있다는 장점이 있다.

먼저 아나콘다 배포판을 설치하기 위해 다음 URL로 이동한다. 파이썬은 현재 2.7 버전과 3.7 버전이 있는데, 이 책에서는 파이썬 3.7을 사용한다.

https://www.continuum.io/downloads

파이썬 3.7 버전에도 다시 윈도우 64비트용 설치 파일과 32비트용 설치 파일이 있다. 보통은 사용 중인 PC에 64비트 윈도우가 설치돼 있으면 64비트용 설치 파일을 내려 받고, 32비트 윈도우가 설치돼 있다면 32비트용 설치 파일을 내려 받으면 된다.

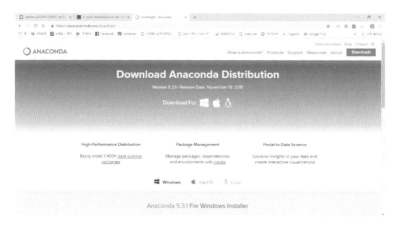

<그림 70> 아나콘다 다운로드 화면1

<그림 71> 아나콘다 다운로드 화면2

<그림 72> 아나콘다 다운로드 화면3

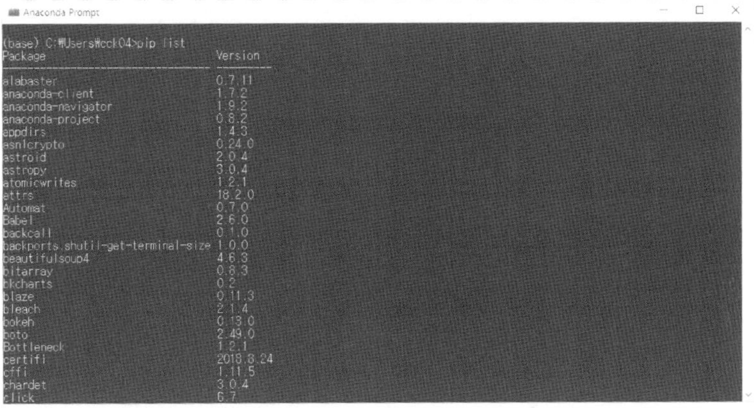

<그림 73> 아나콘다 설치 후 pip 명령어를 통해 패키지 확인

파이썬과 아나콘다(Anaconda)는 다음과 같은 차이점이 있다.

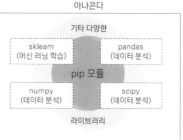

<그림 74> 파이썬과 아나콘다의 차이

파이썬은 파이썬 공식 홈페이지에서 받을 수 있으며, pip 툴만을 포함하고 있다. 필요한 패키지나 라이브러리 등을 설치할 때 모두 수동으로 해줘야 하는 불편함이 존재한다. 반면 아나콘다는 Python 기본 패키지에 각종 수학/과학 라이브러리들을 같이 패키징 해서 배포하기 때문에 편리하게 데이터분석을 하거나 다른 작업을 할 수 있다.

아나콘다에는 다양한 분석도구들이 기본적으로 내장되어 있다. 대표적인 도구로 pandas, numpy, scipy, sklearn, matplotlib, Jupyter Notebook 등이 대표적이다.

아나콘다를 설치할 때는 가능한 별도의 파이썬은 설치하지 않을 것을 추천한다. 왜냐하면 아나콘다에는 파이썬이 기본으로 내장되어 있기 때문에 별도 파이썬을 설치할 경우 충돌의 위험이 있기 때문이다. 아나콘다를 설치하는 것을 추천하는 이유는 요즘 유행하는 인공지능이나 빅데이터 관련 개발을 할 경우에 결국 아나콘다에 포함된 라이브러리들을 설치할 가능성이 높기 때문이다.

2.6 파이썬에서 주피터 사용하기

아나콘다에는 파이썬을 편리하게 사용할
수 있는 주피터 노트북이 내장되어 있다.
주피터 노트북은 프로그램은 복사하거나
수정할 수 있고, 또한 무엇보다도 재현성이
높기 때문이다. 공동으로 작업할 경우 주피
터에서 프로그래밍된 파일을 서로 교환하
면서 작업할 수 있기 때문에 공동작업을 하는데 유리하기 때문이다.

주피터 노트북은 Ipython Notebook 보다 더 발전된 상호반응형
(Interative) IDE이다. 주피터 노트북은 다중커널을 지원하고 있으며,
파이썬 2.0 계열이나 3.0 계열 모두 지원한다.

<그림 75> 주피터 설치 화면

<그림 76> 주피터 실행을 위한 프로파일 생성

<그림 77> 주피터 프로파일 이동

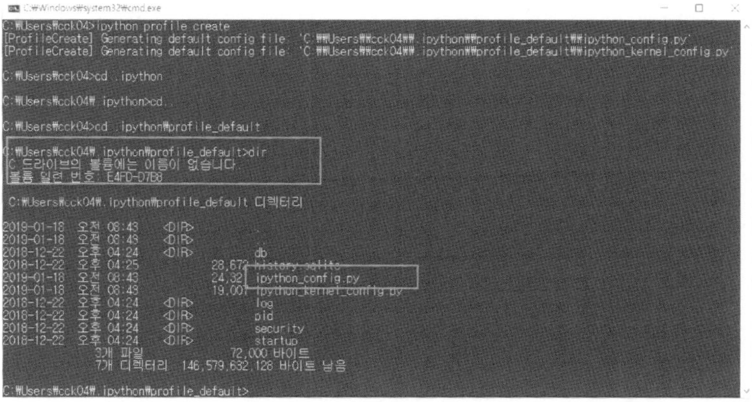

<그림 78> 주피터 리스트 확인

<그림 79> 주피터 환경 설정 파일 수정

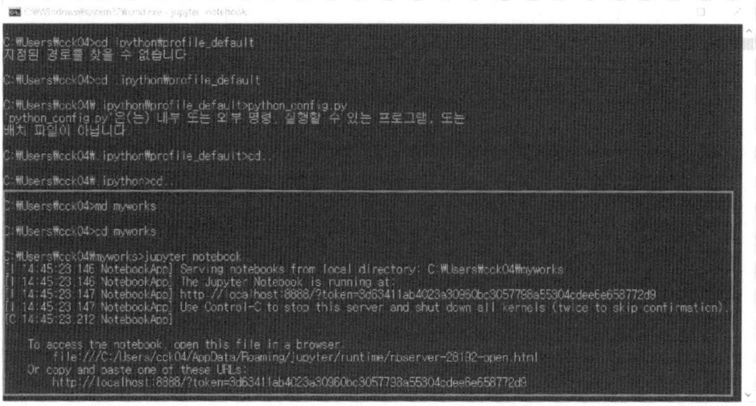

<그림 80> 주피터 작업 경로 생성(md=make directory)

<그림 81> 주피터 실행 화면

<그림 82> 탐색기 기능과 유사한 주피터

<그림 83> 주피터에서 프로그램을 실행한 모습 1

<그림 84> 주피터에서 데이터를 불러온 모습

2.7 R과 파이썬의 차이

InfoWorld의 피터 웨이너(Peter Wayner)는 R과 파이썬이 어떤 측면에서 같은 듯 다른지 비교분석해 놓았다.15) 다음은 피터 웨이너의 글이다.

상사의 상사가 서버실을 둘러보고 수 페타바이트에 이르는 데이터를 살펴본다. 결론은 하나다. 이 잡음 속에 분명 신호가 있다. 이 숫자로 이뤄진 세계에는 지적 생명체가 분명히 존재한다. 숫자로 채워지는 이 하드 디스크에서 수익을 창출할 전략이 분명히 있다.

---

15) http://www.ciokorea.com/news/33801#csidxcc5d96905df60c1ba57a89328dba96d

<그림 85> Credit: Getty Images Bank

　이 작업이 자신에게 떨어져, 지금부터 거대한 디지털 잡동사니를 뒤지고 뒤져 유용한 뭔가를 찾아 상사에게 보고해야 한다. 어떻게 할까? 개발자라면 선택지는 R과 파이썬(Python), 두 가지다.

　데이터 크런칭을 위한 솔루션은 많고 이들은 비즈니스 인텔리전스나 데이터 시각화라는 그럴듯한 이름으로 포장된다. 어떤 솔루션이 원하는 기능을 한다면 해당 솔루션을 선택하면 된다. 그러나 솔루션이 해주지 않는, 다른 작업을 하려면 결국 코드를 직접 쓰는 수밖에 없다. 데이터가 깨끗하게 준비되어 있다면 포괄적인 서비스 툴을 사용하면 되지만, 이런 툴은 모든 부분이 완벽하지 않을 경우 문제를 일으키거나 삼킨 데이터를 제대로 소화하지 못하는 문제가 있다.

<그림 86> 큰 뱀의 형상으로 로고화한 파이썬 로고

파이썬과 R의 차이는 대부분 사고방식 측면에 있다. 하나는 유닉스 스크립터들이 개발해 통계학자, 빅데이터 전문가와 소셜 과학자들 사이에서 자리잡은 포괄적인 서비스 언어다. 다른 하나는 통계학자, 빅데이터 전문가와 소셜 과학자들이 설계하고 만든 데이터 분석용 툴이다. 사용하는 계층은 거의 똑같지만 접근 방식은 전혀 다르다. 하나는 유용한 라이브러리가 많은 범용 툴이고 다른 하나는 빅데이터 분석 전용으로 만들어졌다. 무엇을 선택해야 할까? 이런 결정을 하기 위해 두 언어를 비교해 보자.

❏ 파이썬을 사용하면 전처리가 쉽다

데이터 분석의 50%는 분석에 앞서 데이터를 정리하는 일이라는 말이 있다. 심지어 그 비중이 99%라는 사람도 있다. 정확한 수치야 어떻든 필요할 때 임의적 작업을 수행할 수 있는 포괄적인 서비스 언어로 데이터를 정리하는 편이 더 좋다.

❏ 파이썬은 접근성이 좋다

파이썬은 포괄적인 서비스 명령형 언어이므로 사용해본 적이 없는 개발자에게도 구조와 접근 방법은 친숙하게 느껴질 것이다. 손쉽게 새 함수와 새 계층을 추가해서 데이터를 분해하고 정리할 수 있다. 로컬 저장, 웹 서비스 접근 또는 컴퓨터 프로그램이 일상적으로 수행하는 기타 임의적 요소가 필요하다면 별 어려움 없이 해당 요소를 포함할 수 있다. 파이썬은 언어다.

❑ R을 사용하면 어떤 것이라도 전처리할 수 있다

물론 파이썬을 사용하면 전처리(preprocessing)가 쉽지만 R도 데이터를 정리하기 위한 용도로 사용할 수 있다. 어느 언어라도 무방하다. 사실 많은 경우 데이터 순화 루틴과 분석 루틴을 혼합하는 것은 구조적으로 부적절하므로 분리하는 편이 나은데, 어차피 둘을 분리한다면 그냥 좋아하는 언어를 사용하지 않을 이유가 없다. 파이썬일 수도 있고 자바, C, 어셈블리 코드도 괜찮다. 데이터베이스 내에서 또는 다른 스토리지 계층 내에서 데이터를 전처리할 수도 있다. R은 가리지 않는다.

❑ 파이썬에는 수많은 라이브러리가 있다

파이썬은 인기가 높다. 일반적인 리포지토리의 통계 수치에서도 명확히 드러난다. 파이썬 패키지 인덱스(PyPi)의 패키지 수는 이 기사를 쓰는 현재 10만 2,199개이며, 이 기사를 읽을 때쯤이면 그 수는 더 늘어나 있을 것이 거의 확실하다. 이 숫자조차 빙산의 일각에 불과하다. 깃허브부터 소셜 과학 웹사이트까지, 코드는 도처에 있다. PyPi를 제외해도 좋은 파이썬 코드는 풍부하고 거의 모두가 오픈 소스이므로 받아서 사용하면 삶 한결 더 수월해진다.

❏ R에도 수많은 통계 분석용 라이브러리가 있다

R 역시 패키지가 있다. 종합 R 아카이브 네트워크(CRAN)의 패키지 수는 이 기사를 쓰는 현재 10만 33개이며 파이썬과 마찬가지로 계속 늘어나는 중이다. 이러한 모든 패키지의 목적은 하나, 데이터의 통계 분석이다. 예를 들어 파일 시스템 검사나 서버 유지보수를 위한 패키지가 아니다. 그런 작업은 R의 소관이 아니다. 제대로 작동하지 않는 경우도 가끔 있지만(모든 오픈소스 리포지토리의 공통점) 대부분의 코드는 통계학자들이 작성하고 검토한 코드다.

다음은 빅데이터 분석과 관련된 기사들을 인용한 것이다.

애널리틱스 인기기사
-> 눈여겨 봐야 할 빅데이터·애널리틱스 업체 15선
-> '애널리틱스'가 세상을 삼킨다
-> 식음료 기업 서니 딜라이트의 애널리틱스 도입-활용법
-> 일리있는 투자···한 회원제 오프라인 소매기업의 애널리틱스 도입기
-> 기고 | 데이터 애널리틱스가 알려주는 것, 알려주지 않는 것
-> '승부, 데이터를 만나다'···애널리틱스로 변화하는 스포츠 산업

❏ 파이썬은 계속 발전 중

프랑스에서 "르위켄(le weekend)"이라고 말하면 잘 통한다. 살아있는 언어란 그런 것이다. 파이썬은 프랑스어와 마찬가지로 계속 발전하고 더 나아지는 중이다. 버전 2.3에서 3.0으로 건너뛰면서 예전 코드가 작동하지 않게 됐지만, 많은 파이썬 애호가들은 변화에 그 정도의 가치는 있다고 말한다. 비록 과거의 코드를 단절시킨다 해도 살아있는 코드는 계속 발전한다.

살아있는 언어는 곧 사람들이 사용하고 개선하고 싶어 한다. 이는 더 많은 오픈 소스 코드와 더 많은 솔루션으로 연결된다. 페이스북의 정치적 밈(meme)이 우리가 민주주의를 위해 치러야 할 대가라면, 표준의 변경과 코드의 단절은 인기있고 발전하는, 살아있는 언어를 사용할 때 감수해야 할 비용이다.

❑ R은 순수함을 유지한다

R이 변화하지 않다고 말하는 것은 불공정하다. 사실 R은 대규모 코드 베이스를 더 정화하기 위해 구문 유효 범위(lexical scoping)를 적용한 S의 변형이다. 그런데도 많은 경우 R 인터프리터에서 S를 실행할 수 있다. 파이썬 프로그래머처럼 코드 베이스가 2.3이냐 3.0이냐를 항상 따져야 할 정도의 중대한 패러다임 변화는 없다. 시간이 지날수록 더 익숙해지고 문제 발생의 가능성은 더 줄어들 뿐이다. R 역시 살아있으므로 보장할 수는 없지만 변화의 보폭이 크거나 급진적이지는 않다.

❑ 파이썬은 다른 언어가 할 수 있는 작업을 다 한다

파이썬은 프로그래머가 원하는 모든 작업을 할 수 있도록 프로그래머가 설계한 범용 언어다. 이 말이 곧 튜링 완전(Turing-complete)과 같은 의미는 아니다. 게임 오브 라이프(Game of Life)는 튜링 완전하지만 이걸로 피보나치 수열을 계산하는 함수를 쓸 사람은 아마 없을 것이다. 어떤 작업을 수행해야 한다면 일반적으로 선택할 수 있는 옵션은 풍부하다.

그러나 파이썬은 그 작업을 쉽게 하도록 고안된 언어다. 파이썬은 다량의 코드로 채워진 실제 프로젝트를 위해 고안됐다. 프로젝트를 시작하는 시점, 소소한 세부 사항들을 정리하기 위한 코드 몇 줄을 써야 할 때는 그 유용성이 드러나지 않을 수 있다. 그러나 나중에 이 몇 줄이 몇 천 줄이 되고 전체 덩어리가 스파게티 코드가 되면 파이썬의 이러한 특성이 빛을 발한다. 파이썬은 규모가 큰 프로젝트에 적합하도록 만들어졌고 언젠가는 여러분에게도 파이썬의 기능이 필요할 날이 있을 것이다.

❑ R은 통계를 잘 한다

R은 통계 분석을 위해 만들어진 언어다. 지금 해야 할 일이 무엇인가? 통계 분석이라면 다른 건 볼 필요도 없다. 그 작업에 딱 맞는 툴을 선택하라. 렌치도 망치 대용으로 쓸 수는 있지만 망치가 필요한 일에는 망치를 쓰는 게 좋다. 2019년 5월 현재 데이터 분석을 위한 툴만 1만4천개가 넘게 제공되고 있다.

❑ 파이썬에는 명령줄이 있다

마우스로 가리키고 클릭하면서 자란 아이들은 보통 처음에는 명령줄에 적응을 잘 못하지만 결국 좋은 키보드와 조화를 이룬 명령줄의 힘과 표현력을 깨닫게 된다. 명령줄이라는 언어의 조합은 정말 놀랍다. 십여 개의 메뉴 페이지를 거치며 마우스로 클릭해서 할 일을 명령줄에서는 효과적인 문자열 하나로 할 수 있다. 파이썬은 이 세계에 속한다. 파이썬은 명령줄을 위해 태어났고 명령줄에서 힘을 발휘한다. 모양새는 터무니없이 뒤처져 보일 수 있지만 효율적이고 강력하다.

❏ 그건 R도 하고, R스튜디오도 있다

명령줄 안에서 이것저것 많이 쌓아 올리긴 했어도 R 역시 일종의 명령줄을 중심으로 만들어진 언어다. 그러나 많은 사람들은 모든 요소를 집어넣어 잘 포장한 두 가지 환경, R스튜디오(RStudio) 또는 R 커맨더(R commander) 내에서 작업한다. 명령줄도 있지만 데이터 편집기, 디버깅 지원, 그래픽을 위한 창도 있다. 파이썬 세계도 최근 이클립스, 비주얼 스튜디오 등의 기존 IDE를 통해 R의 이런 부분을 따라잡으려 노력하는 중이다.

❏ 파이썬에는 웹이 있다

유닉스 웹 서버와 함께 진화한 스크립팅 언어, 파이썬 개발을 위한 웹사이트가 등장한다는 것은 어찌 보면 자연스러운 현상이다. 우선 로데오(Rodeo)와 주피터(Jupyter)가 있고, 앞으로 더 생길 것이다. 인터프리터로 포트 80을 링크하기는 쉬우므로 파이썬은 웹에서 아주 잘 작동한다. 물론 스칼라, 줄리아, 꼭 원한다면 R과 같은 다른 언어에서도 주피터를 사용할 수 있지만 어느 언어가 가장 유리한 지는 Jupyter라는 철자만 봐도 알 수 있다.

❏ R은 레이텍과 잘 통한다

R을 사용해 데이터를 분석하는 사람들은 많은 경우 레이텍(LaTex)을 사용해 그 데이터에서 발견한 신호를 보고하기 위한 문건을 작성한다. 데이터 분석과 문서 레이아웃을 결합하는 아주 효과적

인 시스템, 스위브(Sweave)가 나온 것도 어찌 보면 자연스러운 일이다. 데이터를 분석하고 그래프를 만들기 위한 R 명령이 결과를 보고하는 텍스트와 혼합된다. 모두 한 곳에 있으므로 손상이나 캐시 문제 발생 위험이 최소화된다. 버튼 하나만 누르면 소프트웨어가 데이터를 다시 분석하고 결과를 최종 문서에 넣어준다.

❏ 둘 다 사용한다면 어떨까

두 가지의 장점을 모두 사용하면 되지 않겠는가? 실제로 많은 데이터 과학자들이 그렇게 하고 있다. 데이터 집계의 첫 단계는 파이썬으로 실행 가능하다. 그 다음 R에 내장된, 충분한 테스트와 최적화를 거친 통계 분석 루틴을 이 데이터에 적용한다.

R을 일종의 파이썬 라이브러리로 사용하거나, 파이썬을 R을 위한 전처리 라이브러리로 사용하는 개념이다. 특정 계층에 가장 잘 맞는 언어를 선택해서 케이크처럼 쌓아 올리면 된다. R이 케이크이고 파이썬이 그 위에 올리는 설탕 가루인가? 아니면 그 반대인가? 그건 각자가 선택하면 된다.

2.8 엑셀을 활용해 누구나 쉽게 빅데이터 분석가 되기

통계 혹은 분석이라고 하면 대부분은 우선 겁을 먹고 있거나 아예 얘기를 회피하는 경우가 많다. 통계 혹은 분석이라고 하면 중고등학교 때나 대학교 때 수학으로 인해 어려움을 겪지 않은 사람도 골치 아파하는 것을 많이 보게 된다. 실제 수학이나 통계를 좋아하는 사람은 그리 많지 않을 것이다.

그러나 사실 통계는 수학과는 다르다. 통계는 다양하게 흩어져 있는 데이터를 알기 쉽게 요약해주는 역할을 하기 때문이다. 우리가 가장 자주 사용하는 평균이나 합계 등이 요약에 해당한다. 그것은 수학이 아니라 통계적으로 요약한 정보이다.

통계를 어렵다고 느끼는 이유는 수학이라는 방식을 사용해서 요약을 하기 때문에 어렵다고 느끼는 것이다. 그로나 이제 걱정할 필요가 없다. 우리에게 친숙한 엑셀(excel)을 활용하면 그동안 어렵게만 느껴져 왔던 통계가 그리 어렵지 않기 때문이다.

엑셀을 이용해 통계분석을 하기 위해서는 먼저 엑셀에 숨겨져 있는 통계기능을 활성화해야 한다. 먼저 파일 메뉴에서 옵션 대화상자를 눌러 그림에서 보는 것과 같이 통계기능을 추가하면 된다.

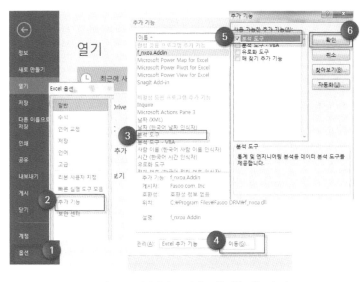

<그림 87> 엑셀에서 통계기능 활성화 하는 순서

이와 같은 활성화 과정을 거치게 되면 엑셀의 데이터 메뉴를 클릭했을 때 다음과 같이 데이터 분석 도구가 활성화 되어 고급 데이터분석을 실행할 수 있다.

<그림 88> 엑셀 데이터 분석 도구를 활성화 하여 실행한 화면

뿐만 아니라 엑셀에는 KESS라는 훌륭한 매크로 도구를 사용하면 기존의 엑셀에서 불가능한 분석을 실행할 수 있다. KESS는 서울대학교 통계학과에서 개발한 엑셀 매크로 프로그램이다. 프로그램을 설치하기 위해서는 서울대학교 통계학과 홈페이지(http://stat.snu.ac.kr/time/kess_main.html)를 방문해 자신의 컴퓨터에 설치된 엑셀 버전에 적합한 프로그램을 다운 받아 폴더를 만들어 압축을 풀어 사용하면 된다.

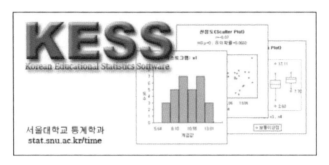

<그림 89> 엑셀 매크로 프로그램 KESS

KESS를 사용하기 위해서는 옵션 대화상자에서 매크로 보안설정을 모든 매크로 포함으로 바꾼 다음에 사용해야 한다. 왜냐하면 KESS는 매크로로 작성되었기 때문에 매크로 포함을 설정하지 않으면 사용할 수 없기 때문이다. KESS가 활성화 되면 추가기능이라는 메뉴가 하나 생성이 되며, 다양한 분석을 실행할 수 있다.

<그림 90> 엑셀 매크로 프로그램인 KESS가 활성화 된 상태

2.9 기타 분석 도구들

최근에 다양한 분야에서 시각화를 하는데 뛰어난 성능을 보여주는 태블로(Tableau)라는 도구가 많은 이들에게 인기를 얻고 있다. 태블로는 기본적으로 유료 프로그램이지만 '태블로 퍼블릭'은 무료로 사용할 수 있기 때문에 많은 사람들에게 인기가 있다.

<그림 91> 태블로 초기 화면

또한 태블로와 더불어 마이크로소프트사에서 제공하는 파워BI라는 시각화 도구가 있다. 파워BI 역시 태블로처럼 직관적으로 데이터를 시각화 하는데 매우 유용한 기능을 제공하고 있어 최근에 인기가 높아지고 있는 분석도구이다.

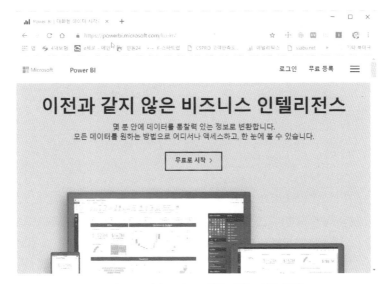

<그림 92> 마이크로소프트사의 파워BI 시작 화면

기타 전통적으로 데이터분석용 전용소프트웨어로 SPSS, SAS, Minitab 등이 있다. SPSS는 사회과학분야에서 많이 사용되며, SAS는 자연과학분야에서 즐겨 사용된다. Minitab은 6시그마 혁신을 위한 통계적 품질관리 툴로서 유명한데 최근에는 버블차트 등 다양한 분석툴을 추가하면서 빅데이터 분석에 많이 사용된다. 그 외에 구조방정식을 분석하기 위한 AMOS나 LISREL 등도 많이 사용된다.

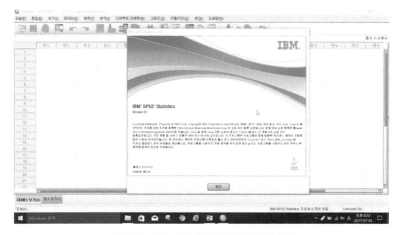

<그림 93> 빅데이터 전문통계분석 도구 SPSS

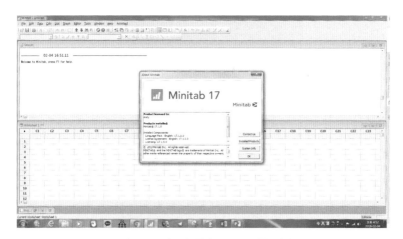

<그림 94> 6시그마 혁신도구로 유명한 미니탭

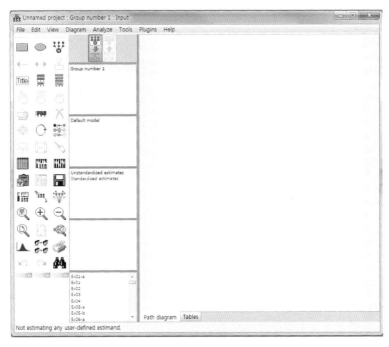

<그림 95> 공분산구조방정식을 분석하는 Amos

뿐만 아니라 사회연결망을 분석하는 도구로 UCINET과 엑셀과 연동되는 NodeXL이라는 분석도구가 많이 사용된다. 그 외에도 빅데이터 시각화를 위한 도구로 Gephi 등 다양한 도구가 있어 빅데이터 분석에 유용하게 활용된다.

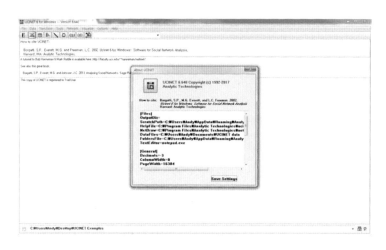

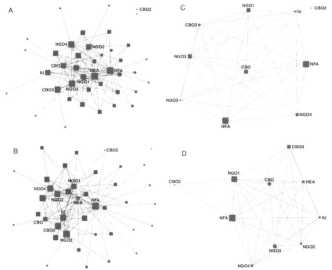

* UCINET 분석결과 이미지 출처: 구글

<그림 96> UCINET 실행화면과 네트워크분석결과

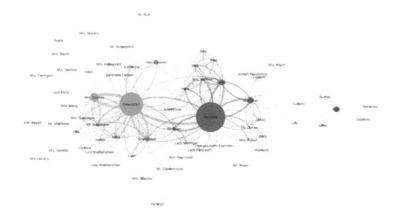

* Gephi 분석결과 이미지 출처: 구글

<그림 97> Gephi 초기 실행화면과 네트워크분석결과

Ⅲ. 텍스트 마이닝으로 감성 시각화

3.1 시각화의 3원칙

빅데이터 분석결과를 시각화 하는 것은 잘 그려진 그림을 보여주려는 것이 아니다. 분석결과에 나타난 정보나 의미를 직관적으로 이해가 용이하도록 하기 위한 것이다. 즉, 도표나 이미지, 다이어그램, 워드클라우드 등을 이용해 한눈에 알아볼 수 있도록 시각적 수단을 통해 제시하는 과정을 말한다.[16]

빅데이터의 시각화는 다양하고 방대한 데이터의 특징을 쉽고 빠르게 요약하고, 이해할 수 있도록 도와준다. 아울러 데이터 속에 숨겨진 의미를 찾아내도록 도와주며, 논리적 사고가 가능하도록 해준다. 뿐만 아니라 멋진 그래프나 차트를 통해 심미적 효과를 통해 설득력을 더욱 높여주는 역할을 한다.

빅데이터의 시각화는 커뮤니케이션 측면에서 다음과 같은 특성을 지니고 있다.[17]

첫째, 인간의 정보처리 능력을 확장시켜 정보를 직관적으로 이해
할 수 있게 한다.
둘째, 많은 데이터를 동시에 차별적으로 보여줄 수 있다.
셋째, 다른 방식으로는 어려운 지각적 추론을 가능하게 한다.

---

16) 최천규, 김주원, 이상국(2018), 진격의 빅데이터, 이담북스, 114쪽.
17) 한국소프트웨어기술인협회 빅데이터전략연구소(2017), 「NCS기반 경영빅데이터분석사 2급」, 와우패스, 76.

넷째, 보는 이로 하여금 흥미를 유발하여 주목성이 높아지며, 인
간의 경험을 풍부하게 한다.

다섯째, 문자보다 친근하게 정보를 전달하며, 다양한 계층의 사람
들에게 쉽게 다가갈 수 있다.

여섯째, 데이터 간의 관계와 차이를 명확히 드러냄으로써 문자나
수치에서 발견하기 어려운 이야기를 창출할 수 있다.

일곱째, 데이터를 입체적으로 만들 수도 있으며, 필요에 따라 거
시적 혹은 미시적으로 표현이 가능하고 위계를 부여할 수
도 있다.

데이터를 보다 효과적으로 시각화하기 위해서는 기본적으로 세
가지 원칙을 지킬 필요가 있다. 그 3가지 원칙은 유일성과 축약성,
그리고 합목적성이다.

유일성이란 데이터가 의미하는 유일한 특성만을 제시하는 것이
강력한 효과를 보게 해준다. 너무 많은 정보를 복잡하게 보여주게
되면 오히려 혼란만 가중시킬 수 있기 때문이다.

두 번째 원리로 축약성이란 세세한 설명을 자세하게 붙이지 말고,
핵심적인 단어로 축약함으로써 정보에 집중할 수 있도록 해야 한다.

마지막으로 합목적성이란 전달하고자 하는 정보에 적합한 시각화
기법을 활용해야 한다는 것이다. 그냥 보기에 좋아서, 아니면 남들
이 만들어 놓은 템플릿에 그냥 집어넣는 식의 시각화는 결코 바람
직하지 않다.

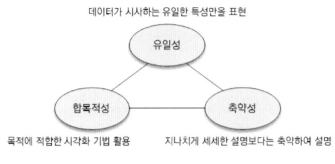

<그림 98> 시각화를 위한 기본 3원칙

3.2 데이터 정제가 텍스트 마이닝 품질

　빅데이터를 제대로 분석하기 위해서는 무엇보다도 올바른 데이터를 통해 분석하는 것이 중요하다. 텍스트 마이닝도 마찬가지다. 텍스트 마이닝이 제대로 되었는지, 그렇지 않은지를 평가하는 중요한 잣대는 텍스트 마이닝 전에 데이터를 얼마나 정제(refinement)했느냐에 달려 있다. 텍스트 안에 들어가 있는 불필요한 특수문자나 공백, 숫자, 구두점, 대소문자 등 텍스트 마이닝을 한 후에 마치 얼굴에 나있는 점처럼 불필요한 것들을 제거하는 작업이 우선적으로 이루어져야 한다.

　데이터를 정제하기 위한 함수인 tm_map( )함수를 사용하여 정제하거나 데이터 정제를 위한 라이브러리를 설치하여 정제작업을 할 수 있다. tm_map( )함수는 텍스트 마이닝 라이브러리인 tm패키지를 설치하면 사용할 수 있다. 그렇지 않으면, 디플라이알(dplyr)이라는 라이브러리를 별도로 설치하여 데이터 정제작업을 진행하면 된다.

디플라이알에서는 select함수와 filter함수, mutate함수, group_by함수, summary함수, arrange함수, top_n함수 등을 이용해 데이터 정제 작업을 할 수 있다.

데이터 정제작업은 기본적으로 데이터를 보다 쉽게 처리하기 위한 목적으로 실시한다. 불일치나 오류, 기계가 읽을 수 없는 형식을 제거하는 등 분석에 적합한 형식으로 데이터를 변환시키는 제반과정을 의미하며, 이러한 과정을 거친 후에야 비로소 텍스트 마이닝을 시작하면 된다.

데이터 정제 작업은 비단 텍스트 마이닝뿐만 아니라 모든 빅데이터 분석에서 분석의 품질을 결정하는 매우 중요한 과정이다.

3.3 분석 도구를 활용한 텍스트 마이닝

빅데이터 분석기법 중 많은 이들이 관심 있어 하는 것이 텍스트 마이닝기법이다. 텍스트 마이닝기법은 SNS 등에서 텍스트로 이루어진 비정형 데이터들을 수집하여 노출 빈도나 사용 빈도를 분석해서 시각화하는 기법이다. 또한 다양한 문서들로부터 데이터를 획득해 문서별 단어 매트릭스를 만들어 추가분석을 실시하거나 데이터 마이닝기법을 적용해 통찰력을 얻거나 의사결정을 지원하기 위한 방법으로 텍스트 마이닝을 활용한다. 텍스트 마이닝은 감성분석이나 워드클라우드를 통해 손쉽게 관계를 정리할 수 있다.

2017년 5월 10일에 취임한 제19대 문재인대통령의 취임사를 텍스트 마이닝 기법을 활용해서 분석하면, 다음과 같은 결과를 얻을 수 있다. 사용빈도가 가장 많은 단어가 큰 글씨로 나타나 있고, 그 사용빈도에 따라 다양한 크기로 시각화 되어 있다.

<그림 99> 2019년 대통령 신년사 텍스트 마이닝 결과

텍스트 마이닝을 하기 위해서는 기본적으로 R과 같은 분석 프로
그램을 다룰 수 있어야 한다. R이라는 프로그램은 오프소스 프로그
램으로 전 세계에서 가장 많이 사용되는 프로그램이며, 이를 기반으
로 해서 몇 가지 프로그램을 추가하여 텍스트 마이닝을 하게 된다.
참고로 한글로 텍스트 마이닝을 하기 위해서는 기본적으로 R을 설
치한 다음, 한글 형태소 분석패키지인 KoNLP와 tm, 워드클라우드
등의 패키지(R에서는 라이브러리라고 칭함)를 추가적으로 설치하여
분석작업을 하게 된다. 또한 KoNLP가 자바로 만들어져 있기 때문

에 오라클 홈페이지에서 이에 필요한 프로그램을 설치해야 KoNLP가 제대로 동작한다.

텍스트 마이닝은 수많은 정보들로 이루어진 빅데이터를 매우 간단하게 표현할 수 있다. 기독교의 성경은 구약 39권, 신약 27권으로 총 66권으로 이루어져 있다. 성경 속에 있는 글자수는 약 133만자로 추정이 되는데 이러한 성경을 텍스트 마이닝 기법을 활용해 분석하면 다음과 같은 결과가 나온다. 구약과 신약을 각각 분리해서 분석한 결과를 보면, 신구약 모두 '너희'라는 단어가 가장 많이 나오고 있음을 알 수 있다. 그 다음 구약에서는 '사람'이라는 단어가, 신약에서는 '사람'이라는 단어가 그 다음으로 많이 나타나고 있음을 알 수 있다.

텍스크 마이닝기법은 성경과 같이 133만자에 해당하는 엄청난 양의 정보를 간단하게 시각화하여 보여주고, 직관적으로 이해가 용이하도록 하는데 매우 유용하게 활용된다.

<구약 텍스트 마이닝>　　　　　<신약 텍스트 마이닝>

<그림 100> 텍스트 마이닝으로 성경을 분석한 결과

R이나 파이썬을 사용하지 못할 경우에는 웹이나 별도 프로그램을 통해 텍스트 마이닝을 할 수 있다. 누구나 손쉽게 텍스트 마이닝을 할 수 있는 사이트는 태그시도닷컴(http://tagxedo.com)이다. 태그시도닷컴의 텍스트 마이닝 서비스를 이용하기 위해서는 처음 사이트를 방문했을 때 오른쪽에 있는 'Start Now'를 클릭해서 본문의 작은 글씨를 누르면 마이크로소프트사의 실버라이트를 설치할 수 있는데 이를 설치하면 사용할 수 있다.

<그림 101> 태그시도닷컴의 홈페이지

Silverlight 설치

<그림 102> 태그시도닷컴 서비스를 이용하기 위한 실버라이트 설치화면

<그림 103> 태그시도닷컴 텍스트 마이닝 화면

<그림 104> 태그시도닷컴에서 텍스트 마이닝을 실행한 결과

태그시도닷컴은 다양한 이미지를 제공해서 텍스트 마이닝 결과를 시각화 하는데 도움을 준다. 즉, 텍스트 마이닝 결과를 다양한 도구와 이미지 안에 넣어서 제공하기 때문에 다른 사람들에게 호기심을 갖게 하고 설득력을 높여주는 장점이 있다. 다만 태그시도닷컴을 이용하기 위해서는 텍스트를 정제하기 위한 노력이 조금 더 요구된다.

텍스트 마이닝 도구로 **KH-Corder**라는 프로그램을 사용할 수 있다. **KH-Corder**는 일본인이 개발한 도구로 구글에서 검색하면 압축된 형태로 무료로 제공되고 있으므로 누구나 사용할 수 있다. 태그시도닷컴과 **KH-Corder**를 사용하기 위해서는 한글 텍스트를 유니코드(UTF-8) 형식으로 저장해야 글씨가 깨지지 않는다는 것을 명심할 필요가 있다.

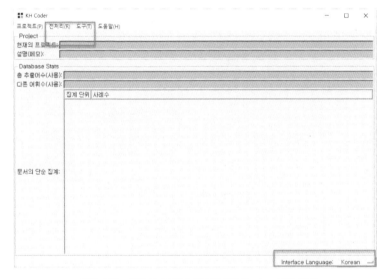

<그림 105> 텍스트 마이닝 도구인 KH-Corder 실행 화면

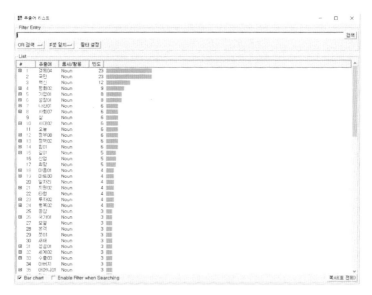

<그림 104> KH-Corder를 이용한 단어 빈도분석 결과

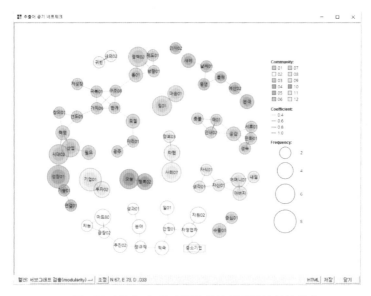

<그림 106> KH-Corder를 이용한 단어 간 연관성 분석 결과

IV. 빅데이터 큐레이션

4.1 빅데이터 큐레이션

방대하고 복잡한 데이터를 분석하고 이를 통해 의사결정에 필요한 고급 정보나 인사이트를 찾아내기 위해서는 분석 스킬도 중요하지만 그 전에 빅데이터 큐레이션 (big data curation)능력이 필요하다. 옥스퍼드 사전에서는 큐레이션을 다음과 같이 정의하고 있다.

> "큐레이션이란 기획 의도에 맞게 작품을 선정, 수집, 연구, 구성, 전시, 해설하는 제반 활동을 총칭한다."

이와 같이 큐레이션은 기획 의도에 맞게 기존에 알려진 작품이라고 하더라도 새로운 의미를 부여하고, 우수한 작품을 발굴하여 여러 작품들로 하나의 주제를 형상화 시켜 '작품에 생기(生氣)를 부여하는 활동'이다.

미술작품에 큐레이터가 필요하듯 빅데이터를 분석하는데 있어서도 빅데이터 큐레이터가 필요하다. 아무리 방대한 자료를 갖고 있다고 하더라도 데이터들이 어떤 속성(명목, 서열, 등간, 비율, 정형 또는 반정형, 비정형, 그림, 음성, 영상, GPS 정도 등)으로 되어 있고 어떤 의미를 갖는지를 파악하지 못한다면 빅데이터분석은 출발점부터 어려움을 겪게 될 것이다. 또한 어떤 속성의 변수와 변수를 연관시켜서 어떤 분석방법을 통해 의미를 찾아야 하는지를 모른다면 빅데이터는 한낱 그림의 떡(화중지병, 畵中之餅)일 뿐이다.

빅데이터 큐레이션은 데이터의 숨은 가치와 잠재력을 발굴하는 전반적인 활동을 의미하며, 빅데이터 큐레이터(bic data curator)는 빅데이터 전략을 제시하고, 최적의 빅데이터 구축에서부터 분석, 해석 및 활용에 이르는 전 과정을 총괄적으로 지휘·감독·관리는 역할을 한다. 일반적으로 미술품이나 전시품 등의 수혜대상이 관람객이라면, 빅데이터 큐레이션의 수혜자는 각 부서와 최고 의사결정권자들이다.

빅데이터 큐레이션이 필요한 이유는 다음과 같다.

첫째, 방대하고 복잡한 데이터로부터 질 높은 정보를 선별해 발굴하는 것이 빅데이터, 즉 알고리즘으로 승부하는 디지털 트랜스포메이션 시대의 핵심역량이기 때문이다. 빅데이터를 활용하는 궁극적 목적은 방대한 데이터로부터 왜곡(bias)이 없는 현실을 반영한 풍부한 정보를 신속하게 제공하는 것이 목적이다. 그러므로 빅데이터에서 노이즈(noise)를 제거하고 필요한 정보를 만들어 낼 때 의미 있는 의사결정을 지원하고, 경영성과를 높일 수 있기 때문이다. 이러한 목적을 달성하기 위해 빅데이터 큐레이션이 필요하다.

둘째, 분석에 사용할 수 있는 가용 데이터의 양과 종류가 급증하는 상황에서 데이터를 수집·분석하는 수준만으로는 충분하지 않으며, 의사결정에 직접 활용하거나 지원할 때 적시(just in time)할 수 있어야 하기 때문이다. 어떤 문제를 해결할지 고민도 없이 덜컥 시스템만 구축하거나 무조건 데이터를 수집해 놓으려는 경향이 많아 빅데이터 프로젝트가 실패하는 경우가 많다. 따라서 어떤 경영의사결정을 지원해야 하는지를 최우선적으로 고민해서 올바른 시스템을 구현하기 위해 빅데이터 큐레이션이 필요한 것이다.

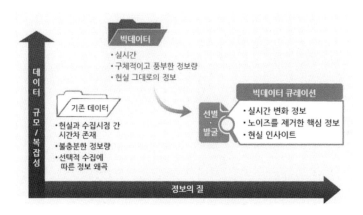

이미지 출처: 삼성경제연구원(2013), CEO Information, 891호.

<그림 107> 빅데이터 규레이터 활동 분야

4.2 빅데이터 분석방향

빅데이터를 분석하기 위해서는 어떤 목적으로 분석해야 할지 방향을 정해야 한다. 빅데이터를 분석하는 것은 기본적으로 8가지 방향 중 어떤 인사이트를 얻을지를 정한 다음 데이터를 수집하고 분석에 임해야 한다.

빅데이터를 분석해 인사이트를 얻기 위한 방향은 기본적으로 다음과 같다.

첫째, 분포의 형태를 파악하는 것이다. 분포의 형태를 파악하는 것은 빅데이터를 어떻게 분석해야 할지의 방향을 결정하는 가장 중요하면서도 기초적인 활동이다. 데이터의 빈도(frequency)와 평균(mean), 최빈값(mode), 중앙값(median), 분산(variance)과 표준편차(standard deviation), 그리고 왜도(skewness)와 첨도(kurtosis), 사분위수(quarterly) 등을 통해 데이터의 분포가 어떤 형태고, 어느 방향으로 치우쳐 있는지의 여부를 확인할 수 있다. 데이터의 치우친 정도 등을 알고 분석할 때 올바른 결과에 도달할 수 있다.

둘째, 차이를 검증하는 것이다. 차이는 비율의 차이와 평균의 차이를 보는 방법이 있다. 비율의 차이는 기댓값과 비교해 실제 관측값의 비율 차이를 보는 것으로 카이스퀘어(χ^2)검증이라고 한다. 예를 들어, 100원 짜리 동전을 10번 던진다고 했을 때 기대확률값은 5:5 이지만 실제 동전을 10번 던져서 측정한 값의 비율의 차이를 검증하는 것이 카이스퀘어 검증이다. 또한 평균의 차이를 검증하는 방법에도 두 가지 방법이 있다. 평균의 차이를 비교할 대상 집단이 2개 집단이라면 이때 이를 비교하는 방법을 t검증(t-test)이라고 한다. 예를 들어, 기말고사 수학성적의 평균을 남학생과 여학생집단으로 분리하여 이들 집단간 차이의 유의성(significance)을 검증하고자 할 때 이때의 방법을 t검증이라고 한다. 3개 이상의 집단의 평균에 대해 비교하고자 할 때는 분산분석 혹은 ANOVA(ANalysis Of VAriance)라고 한다. 예를 들어, 연말에 영업부 사원들의 실적을 직급별(사원, 주임, 대리, 과

장, 차장, 부장 등)로 비교한다고 했을 때 3개 이상의 집단이
므로 이들 집단간 평균의 차이를 검증하는 방법은 ANOVA
를 사용한다.

셋째, 상호관련성을 분석하는 것이다. 상호관련성이란 상관관계
분석(correlation analysis)이라고도 하며, 상관성의 강도를
상관계수 r(coefficient r)이라고 한다. 일반적으로 상관계수
가 1.0일 경우 완전 상관이라고 하며, + 1.0일 때 양의 완전
상관, -1.0일 때 음의 완전상관이라고 한다. 0.8 이상이면
강한 상관관계, 0.6 이상이면 상관이 있다고 하며, 0.4 이상
일 때 약한 상관이라고 한다. 0.4 미만일 경우에는 상관이
없다(무상관)고 한다.

넷째, 인과관계를 분석하는 것이다. 인과관계(因果關係)란 원인
과 결과간의 관계를 말하며, 이를 분석하기 위해 사용하는
방법이 회귀분석(regression analysis)이다. 회귀분석은 독립
변수(원인변수, 흔히 x로 표시)와 종속변수(결과변수, 흔히
y로 표시)의 개수와 특성에 따라 단순회귀(simple regression,
단회귀라고도 함), 다중회귀(multiple regression, 중회귀라고
도 함), 로지스틱 회귀라고 분류한다. 단순회귀는 독립변수
가 1개일때를 말하며, 다중회귀는 독립변수가 2개 이상일
경우를 말한다. 단순회귀와 다중회귀는 측정된 데이터의
특성이 등간척도나 비율척도로 측정되었을 때 사용한다.
로지스틱 회귀분석은 종속변수가 0과 1이라는 두 개의 값
만을 가질 때 사용한다. 예를 들어, 합격이나 불합격과 같
이 두 개의 값으로 평가될 때 이를 로지스틱 회귀분석이라

고 한다.

다섯째, 판별성을 분석하는 것이다. 판별분석은 로지스틱 회귀분석과 유사하게 종속, 즉 결과변수가 명목척도(구분하거나 분류하는데 사용하는 변수)로 측정되어 독립변수와 종속변수간 선형관계를 설명하는데 사용된다. 로지스틱 회귀분석은 종속변수가 0 혹은 1이라는 두 개의 값을 가지지만 판별분석은 2개 이상의 값을 가진다.

여섯째, 군집성을 파악하기 위해 분석하는 것이다. 군집성을 파악하기 위한 방법은 두 개의 방법이 있다. 개체(object)를 군집화하는 방법과 속성(attribute)을 군집화 하는 방법이 있다. 개체를 군집화 하는 방법을 클러스터분석(cluster analysis)이라 하고 속성들을 군집화 하는 방법은 요인분석(factor analysis)이나 주성분분석(principle component analysis, PCA)이라 한다. 요인분석이나 주성분분석 모두 속성들의 구조를 단순화 하기 위해서 사용하는 방법으로 유사한 분석기법이나 두가지 측면에서 큰 차이점이 있다. 요인분석의 경우에는 변수가 요인의 선형조합으로 정의하는데 비해 주성분분석은 변수들간의 선형조합으로 정의된다는 것이다. 또한 요인분석은 변수간의 공분산 또는 상관을 설명하는 것이나 주성분분석은 변수들의 전체 분산을 최대한 많이 설명하는데 목적이 있다.

일곱째, 공간적 위치를 분석하는 것이다. 비교 가능한 대상을 중심으로 상대적인 위치를 파악하는 방법으로 앞서 설명한 요인분석과 다차원척도(mulyiple dimensional scaling, MDS)

을 활용하여 분석한다.

여덟째, 경로구조를 파악하기 위한 분석이다. 경로분석(path analysis)
이나 구조방정식모형(structural equation model, SEM)을 이
용해 분석한다.

본 저서에서는 상기의 8가지 방법 중 분포와 차이, 상관성과 인과
성을 분석하는 방법만 설명하고자 한다. 기타 분석방법에 대해서는
다른 전문서적을 참조하길 권고한다.

V. R을 이용한 데이터 분석

5.1 R 프로그램 설치

R을 이용해 빅데이터를 분석하기 위해서는 우선적으로 R홈페이지에 접속해 크랜(Cran, Comprehensive R Archive Network) 내에 있는 R 프로그램을 설치해야 한다. R은 윈도우 뿐만 아니라 맥OS, 리눅스 운영체제에서도 사용할 수 있도록 제공되고 있으며, 각 나라별로 별도의 클라우드 크랜서버를 운영하고 있다. 우리나라도 6개의 클라우드 서버가 운영되고 있다.

<표 6> R 프로그램 설치 순서

<R 프로그램 설치 순서>

1. R 홈페이지 방문(http://r-project.org)
2. 왼쪽 상단에 위치한 Cran 클릭
3. 각 나라별로 구분되어 있는 클라우드 서버를 클릭해 운영체제에 맞는 R 프로그램을 다운로드 받아 설치
   ▷ 나라에 관계 없이 R 재단이 운영하는 0-cloud를 사용해도 무방
   ▷ 우리나라의 경우 서울시, 부경대, 영남대, 서울대, 울산과기대 등이 운영하는 서버가 있음.

5.2 라이브러리 설치 및 제거

R을 사용함에 있어 특정한 분석을 위해 별도의 라이브러리(패키지)를 설치해야 할 경우가 있다. 물론 R만 가지고도 일반적인 분석

을 실시할 수 있지만 빅데이터의 특성을 보다 면밀하게 분석하기 위해서 추가적인 분석기법을 사용할 경우가 있다. 예를 들어, 수요를 예측하거나 별도의 시각화 도구가 필요하거나 텍스트 마이닝 등을 위해서 반드시 필요한 라이브러리가 있을 경우 이를 사전에 설치해야 한다. 설치는 다음과 같은 명령어를 사용하며, 모든 라이브러리 설치가 동일하다. 대소문자를 구분하며, 반드시 아래와 같이 소문자로 입력해야 한다. 이때 라이브러리 이름은 문자로 인식되기 때문에 " ", ' ' 등으로 따옴표를 붙여줘야 한다.

<표 7> 라이브러리 설치 순서

□ 별도의 라이브러리(패키지)설치
> install.packages('라이브러리 이름')
□ 만약에 'ggplot2'라는 라이브러리를 설치하고자 한다면...
> install.packages('ggplot2')

이와 같이 설치 명령어를 입력한 후 엔터키를 치면 클라우드 서버를 선택하도록 선택 창이 뜨고 클라우드 서버를 선택한 후 OK 버튼을 누르면 자동적으로 서버와 연결해서 설치가 진행된다. 인터넷이 연결되어 있지 않다면 라이브러리를 별도로 내려 받아 설치하는 방법이 있지만 본서에서는 별도로 설명하지 않고, 전문서적을 참조하기를 권장한다.

설치된 라이브러리를 부득이 제거해야 할 경우에도 유사한 명령어를 사용한다. 다만 install 대신에 remove란 명령어를 입력하면 된다.

<표 8> 설치된 라이브러리 제거 순서

□ 설치된 라이브러리(패키지)를 제거할 경우
  > remove.packages('라이브러리 이름')
□ 만약에 'ggplot2'라는 라이브러리를 제거하고자 한다면...
  > remove.packages('ggplot2')

이와 같이 R은 언제든지 자유롭게 라이브러리를 설치하고 제거할 수 있다. R에는 R이라는 기본 플랫폼 프로그램 위에 설치해서 빅데이터를 분석하는 분석도구가 2019년 5월 13일 현재 14,193개가 제공되고 있다. 이들 패키지를 이용해 거의 모든 빅데이터분석이 가능하다.

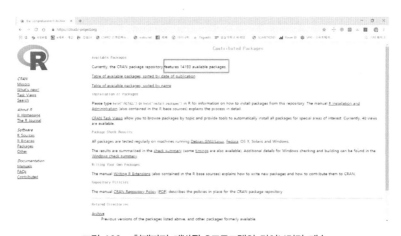

<그림 108> 현재까지 개발된 R프로그램의 라이브러리 개수

5.3 설치된 라이브러리 사용

특정한 분석을 위해 사용자가 설치했거나 기본적으로 설치되어 있는 라이브러리를 사용하기 위해서는 R을 실행했을 때 반드시 한번은 불러와야 사용할 수 있다. 불러오는 방법은 library란 명령어로 가능하다. R을 종료한 후 다시 실행한 경우에도 반드시 사용하고자 하는 라이브러리를 한번은 불러와야 한다. 이때 주의할 것은 라이브러리를 설치할 때와는 다르게 라이브러리 이름에 따옴표(" " 혹은 ' ')는 붙이지 않는다.

<표 9> 사용하고자 하는 라이브러리 불러오기

□ 예를 들어, 위에서 설치한 ggplot2라는 라이브러리를 사용하고자 할 때
　> library(ggplot2)

5.4 작업 경로 확인 및 설정

R을 이용해 작업경로를 설정하거나 확인하는 과정은 매우 간단하다. 한줄의 명령어로 확인하고 설정할 수 있다. 경로확인에는 getwd라는 명령어를 사용하는데 wd는 work directory의 의미를 갖는다. 경로설정에는 setwd라는 명령어를 사용한다.

<표 10> 경로 확인 및 설정

□ 현재 작업하고 있는 경로를 확인할 때
　> getwd( )
□ 희망하는 작업경로를 설정할 때
　(예를 들어, c 루트에 rbook이라는 폴더가 만들어져 있는 경우)
　> setwd('c:/rbook')

실제 실행하면 다음의 화면과 같다.

<그림 109> R에서 경로를 확인하고 새로운 경로를 설정한 화면

R에서는 한번 실행한 명령어는 위/아래 화살표 키를 이용해 다시 불러올 수 있어 편리하게 사용할 수 있다.

5.5 분포 파악

기본적으로 통계분석이나 빅데이터분석에 있어 가장 기본적이고 중요한 작업의 하나가 데이터의 분포를 확인하는 것이다. 데이터의 분포를 확인하는 것은 분석에 있어 오류를 줄이기 위한 방법이기도 하지만 분포를 모를 경우 통계 자체가 불가능하기 때문에 최우선적으로 분포를 확인하는 것이다. 분포를 확인해서 데이터의 분포나 흩어진 정도, 어느 한쪽으로 치우쳐 있는 정도를 미리 파악하는 것은 매우 중요하다.

분포를 파악하는 명령어는 다양하나 본서에는 두 가지 방법으로 예시하고자 한다. 본서에서 사용된 예제는 ex01이라는 CSV 형태의 파일이다.

데이터 파일은 대부분 엑셀이나 CSV 형태의 파일이 일반적인데 가능하면 CSV 형태의 파일로 데이터를 관리하기를 추천한다. 엑셀 형식의 파일보다는 크기도 작고 관리에 편하기 때문이며, 또한 빅데이터분석은 반드시 복사본을 사용하기를 권장한다. 원래의 데이터를 사용해 데이터의 변형이 오거나 데이터를 가공했을 때 원래의 데이터를 잃어버려 낭패를 볼 수 있기 때문이다.

(1) 데이터 파일 불러오기

CSV 형태의 데이터를 불러오는 명령어는 read.csv라는 명령어를 사용한다. 해들리 위컴교수가 개발한 tidyverse라는 패키지를 설치했을 경우에는 read_csv라는 명령어로도 불러올 수 있다. 엑셀 형식의 파일을 불러오기 위해서는 readxl이라는 라이브러리를 별도로 설치해서 read_excel이라는 명령어로 엑셀 형식의 파일을 R로 불러 들일 수 있다. 본 예에서는 위에서 이미 경로가 rbook을 설정되어 있기 때문에 데이터를 불러올 때 경로명을 넣지 않았다.

<표 11> CSV형태의 데이터 파일 불러오기

□ 형식: (저장될 이름) <- read.csv('불러올 파일의 경로와 파일명)
　> ex01 <- read.csv('ex01.csv')
　> ex01 #데이터가 제대로 불러들여졌는지를 확인하기 위해 다시 호출

이와 같이 불러온 다음 ex01.csv라는 데이터가 제대로 불러 들여졌는지를 확인하기 위해 ex01이라는 이름의 데이터 프레임을 불러 왔다. 데이터 파일을 불러올 때 왼쪽에 쓴 ex01이라는 이름은 데이터 프레임, 즉 ex01.csv 라는 파일을 R 형식의 파일로 불어와 저장한 파일이름으로 생각하면 된다. R은 이러한 형태의 파일을 데이터 프레임(data frame)이라고 부른다.

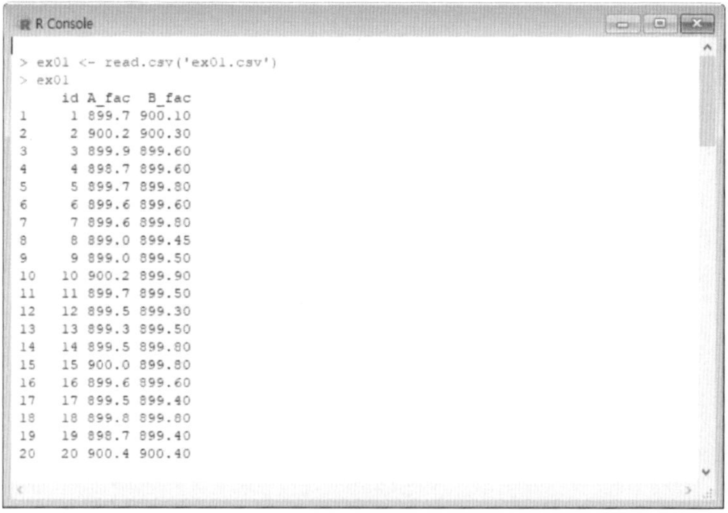

```
R Console
> ex01 <- read.csv('ex01.csv')
> ex01
    id A_fac  B_fac
1    1 899.7 900.10
2    2 900.2 900.30
3    3 899.9 899.60
4    4 898.7 899.60
5    5 899.7 899.80
6    6 899.6 899.60
7    7 899.6 899.80
8    8 899.0 899.45
9    9 899.0 899.50
10  10 900.2 899.90
11  11 899.7 899.50
12  12 899.5 899.30
13  13 899.3 899.50
14  14 899.5 899.80
15  15 900.0 899.80
16  16 899.6 899.60
17  17 899.5 899.40
18  18 899.8 899.80
19  19 898.7 899.40
20  20 900.4 900.40
```

<그림 110> R에서 read.csv를 이용해 ex01을 불러온 결과 화면

(2) 데이터 분포 확인하기

데이터의 분포를 확인하는 방법으로 summary란 간단한 명령어를 사용한다. summary를 사용하면 데이터의 최소값(Min)과 최대값 (Max), 1사분위수(1st Qu), 중앙값(Median), 평균(Mean), 3사분위수 (3rd Qu) 등을 분석해서 보여준다.

<표 12> Summary 명령으로 데이터분포 확인하기

```
> summary(ex01)
```

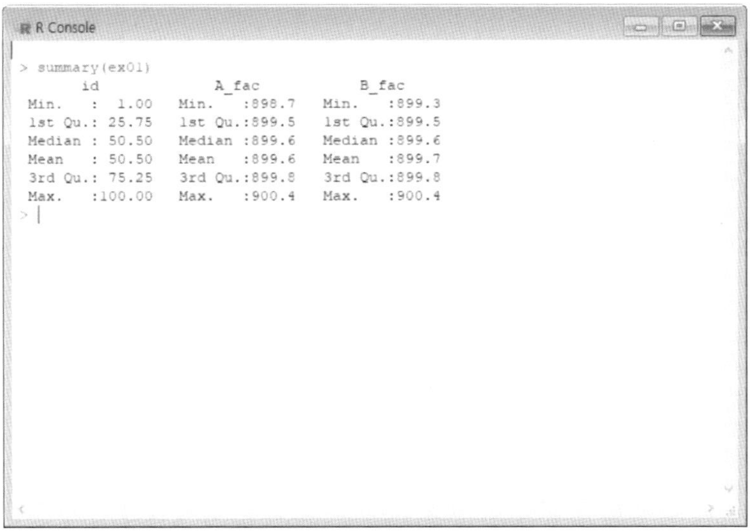

<그림 111> summary 함수를 이용해 데이터분포를 출력한 결과

5.6 두 개 집단간 평균의 차이 검증

집단간 평균의 차이를 검증하는 방법은 크게 두 가지가 있다. t검증과 ANOVA(분산분석)이다. 우선 집단간 차이를 검증하기 위해서는 데이터의 입력 형태가 집단변수와 측정값의 형태로 입력되어 있어야 한다.

본 예제(ex02.csv)는 A공장과 B공장에서 생산되는 제품의 규격의 평균이 각각 899.6과 899.7로 0.1의 평균의 차이가 있다. 본 분석에서는 이러한 0.1 평균의 차이가 의미 있는 차이인지 아닌지를 분석하고자 한다.

(1) 데이터의 입력 형태

엑셀을 기준으로 id, factory, product의 순서로 입력

(2) 데이터 불러오기

read.csv로 데이터 불러와서 확인하기

<표 13> read.csv로 데이터 불러오기

> ex02 <- read,csv('ex02.csv')

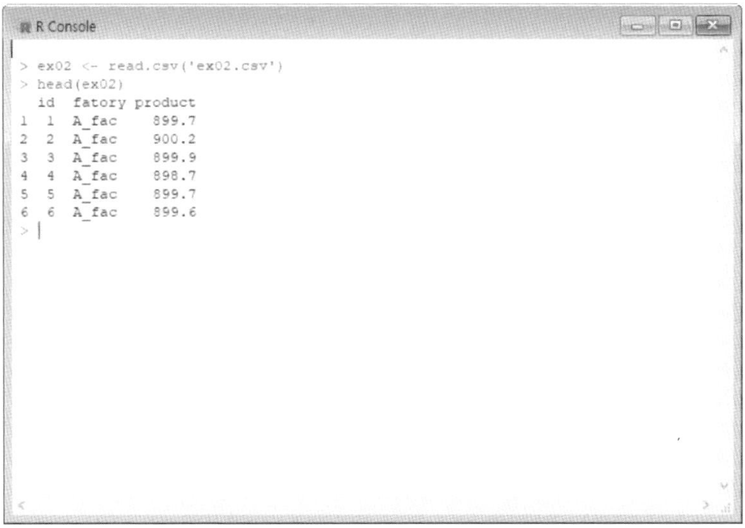

```
R Console

> ex02 <- read.csv('ex02.csv')
> head(ex02)
  id fatory product
1  1 A_fac    899.7
2  2 A_fac    900.2
3  3 A_fac    899.9
4  4 A_fac    898.7
5  5 A_fac    899.7
6  6 A_fac    899.6
> |
```

<그림 112> ex02 예제를 불러와서 확인한 결과

본 예에서는 별도의 t검증을 실시하기 위한 형식으로 저장한
ex02 예제 파일을 사용했으며, 불러온 후 head 명령어를 사용해 데
이터를 확인했다. head 명령어는 데이터 전체 중 위에서부터 6번째
까지의 데이터를 보여준다.

전체 데이터를 확인하기 위해서는 View 명령어를 사용한다. V자
는 대문자임에 유의해야 한다.

<표 14> View 명령으로 데이터분포 확인하기

> View(ex02)

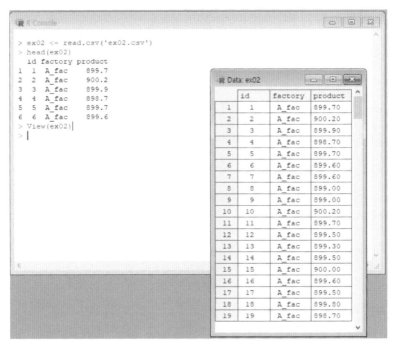

<그림 113> View 명령어를 사용해 데이터를 확인한 화면

(3) 분산의 동질성(F검증) 실시

집단간 평균의 차이를 검증하기 위해서는 우선적으로 두 집단의
비교 가능성을 판단하기 위해 동질성 검증을 한다. 이 검증을 F검증
이라 하며, 집단의 분산들이 비교가 가능한지의 여부를 판단하는 것
이다. 동질성 검증을 좀 더 쉽게 설명하면 골프경기를 할 때 실력에
차이가 있는지 없는지를 판단해 실력이 하수인 사람에게 핸디캡을
주는 것과 같은 논리이다. 분산이 동일하다면 그대로 차이를 검증하
고 분산이 동일하지 않다면 이를 고려한 차이를 검증하기 위한 것
이다.

분산의 동질성을 분석하는 명령은 다음과 같다.

<표 15> 분산의 동질성 검증 명령어

> var.test(측정값변수명~집단변수명, 데이터 프레임 이름)
> var.test(product~factory, ex02)

```
R Console
> head(ex02)
  id factory product
1  1   A_fac   899.7
2  2   A_fac   900.2
3  3   A_fac   899.9
4  4   A_fac   898.7
5  5   A_fac   899.7
6  6   A_fac   899.6
> View(ex02)
> var.test(product~factory, ex02)

        F test to compare two variances

data:  product by factory
F = 2.4871, num df = 99, denom df = 99, p-value = 8.717e-06
alternative hypothesis: true ratio of variances is not equal to 1
95 percent confidence interval:
 1.673422 3.696407
sample estimates:
ratio of variances
          2.487097

> |
```

<그림 114> 분산의 동질성 검증 결과

분산의 동질성을 검증하기 위해서는 평균을 구할 수 있는 종속변수(product)가 앞에 나오고, 집단을 구분하는 집단변수가 뒤에 나오도록 명령어를 입력한다. 분석결과는 p값을 기준으로 판단하는데 이를 위해서는 가설(hypothesis)검증에 관한 지식이 필요하다. 그에 대한 지식은 전문서적을 참고하기 바란다. p값은 기본적으로 귀무가설(영가설)이 참일 확률값을 말하는 것으로 본 예에서는 p값이

0.05 미만으로 나타나 두 공장의 생산제품의 값이 동일할 것이라는 귀무가설이 기각되고 분산이 동일하지 않을 것이라는 연구가설이 지지되었다.[18]

집단간 평균의 차이는 분산의 동질성 검증결과를 이용해 다음과 같이 t검증을 실시한다.

<표 16> 집단간 평균의 차이를 검증하는 t검증 검증 명령어

> t.test(측정값변수명~집단변수명, equal=T 혹은 F, 데이터 프레임 이름)
> t.test(product~factory, equal=F, ex02)

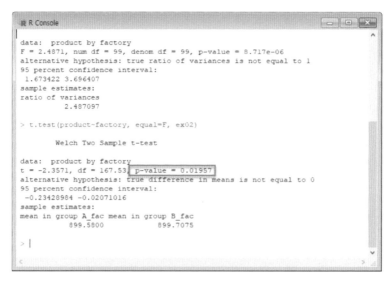

<그림 115> 집단간 평균의 차이를 검증한 결과

---

18) 가설 검증 시 95% 신뢰수준 하에서는 p값이 0.05 보다 크면 귀무가설을 채택하고, 0.05 보다 작으면 연구가설을 채택한다.

분석결과에 나타난 바와 같이 A공장과 B공장에서 생산되는 제품의 평균은 각각 899.5800과 899.7075로 나타나고 있으며, 이들 평균의 차이 0.1275가 의미가 있는 차이인지를 검증한 것이다. 검증결과 p값이 0.01957로 0.05보다 작게 나타나 평균의 차이가 의미가 있는 것으로 검증되었다. 평균의 차이가 0.1275로 작은 것 같지만 실제 검증해보니 평균의 차이에 유의한 의미가 있다고 검증된 것이다. 이러한 차이는 비록 평균이 같아도 분산이 다르다면 전혀 다른 것이라는 의미를 갖고 있다.

5.7 세 개 이상의 집단간 평균의 차이 검증

세 개 이상의 집단간 평균의 차이를 검증하는 것을 ANOVA 혹은 분산분석이라고 한다. 분산분석은 구분 변수가 한 개인 일원배치분산분석, 두 개인 이원배치분산분석(two-way ANOVA) 등이 있다. 그리고 종속변수가 2개 이상인 다변량분산분석(multi variate ANOVA)이 있다. 본서에서는 일원배치분산분석만 다루고 추가적인 분석방법은 전문서적을 권장한다.

(1) 데이터 파일 불러오기

read.csv 함수를 이용해 집단이 3개인 분석 데이터를 불러온다. 본 예에서는 A,B,C공장의 3개 공장간 생산제품의 평균의 차이가 유의한 의미를 가지고 있는지의 여부를 검증하고자 한다.

```
> ex03 <- read.csv('ex03.csv')
> head(ex03)
> summary(ex03)
```

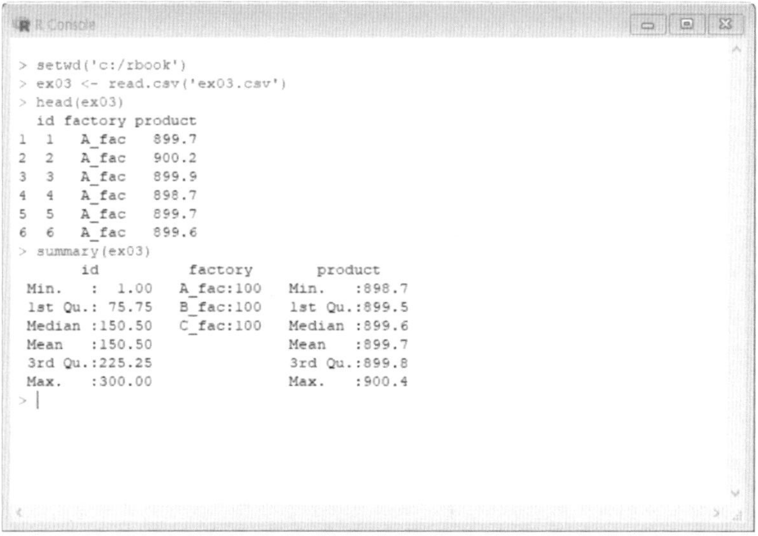

```
R Console                                              □  ▣  ⊠

> setwd('c:/rbook')
> ex03 <- read.csv('ex03.csv')
> head(ex03)
  id factory product
1  1   A_fac   899.7
2  2   A_fac   900.2
3  3   A_fac   899.9
4  4   A_fac   898.7
5  5   A_fac   899.7
6  6   A_fac   899.6
> summary(ex03)
      id           factory        product
 Min.   :  1.00   A_fac:100   Min.   :898.7
 1st Qu.: 75.75   B_fac:100   1st Qu.:899.5
 Median :150.50   C_fac:100   Median :899.6
 Mean   :150.50               Mean   :899.7
 3rd Qu.:225.25               3rd Qu.:899.8
 Max.   :300.00               Max.   :900.4
> |
```

<그림 116> 예제데이터(ex03)을 불러오고 확인한 화면

(2) 분산분석을 실시할 모형을 만들고 분산분석 실시

aov 함수를 이용해 분산분석을 실시할 모형을 만든다. 모형의 이름은 사용자가 편리한대로 정하면 된다. 그런 다음 분산분석의 명령어인 anova를 입력해 분산분석을 실시한다.

<표 18> 분산분석을 실시할 모형 생성과 분산분석 명령어

```
> ano <- aov(product~factory, ex03)
> anova(ano)
```

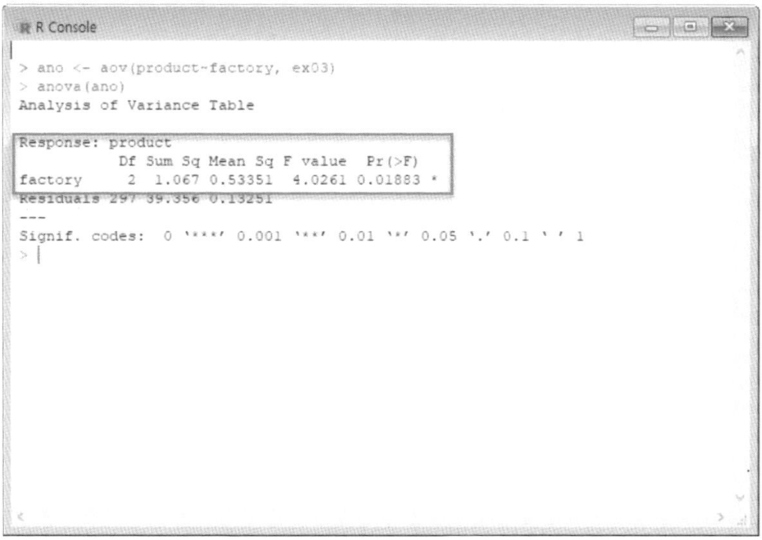

<그림 117> 분산분석을 실시한 결과 화면

분산분석을 실시하기 전 분산분석을 실시할 모형을 생성(ano)한 후 분산분석 명령어(anova)를 입력하여 분석을 실시하였다. 실시한 결과, 세 집단간 평균의 차이는 95% 신뢰수준 하에서 p값이 0.01883으로 0.05 보다 작게 나타나 집단간 평균의 차이가 유의한 차이가 있는 것으로 나타났다.

그런 다음 집단간 평균을 출력하기 위해 별도의 라이브러리 psych를 설치한 후 describeBy 함수를 이용해 집단간 평균을 구한다.

<표 19> 분산분석 실시 후 진단간 평균 구하기

> install.packages('psych') .... 사전에 psych라는 라이브러리 설치
> library(psych)
> describeBy(ex03$product, ex03$factory)

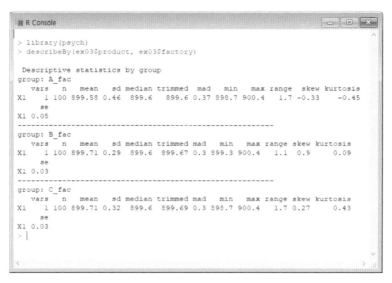

<그림 118> 집단간 통계량을 구한 결과

집단간 평균을 구한 결과 A공장은 899.58, B공장과 C공장은
899.71로 나타났다.

(3) 그래프를 이용해 집단간 평균의 차이를 확인

그래프를 이용해 집단간 평균이 어떤 형태인지를 파악하기 위해
gplots이라는 라이브러리를 사용했다. gplots은 R에 기본적으로 설치
되어 있으므로 사용하기 위해 로딩한 사용하면 된다.

> library(gplots) ...기본적으로 설치되어 있으므로 설치과정은 불필요
> plotmeans(product~factory, ex03, xlab='factory', ylab='product', ci.label=T,
  mean.label=T, barwidth=5, digits=3, col='red')

```
R Console

> library(gplots)

다음의 패키지를 부착합니다: 'gplots'

The following object is masked from 'package:stats':

    lowess

> plotmeans(product~factory, ex03, xlab='factory', ylab='product',
+ ci.label=T, mean.label=T, barwidth=5, digits=3, col='red')
> |
```

<그림 119> 집단간 평균 그래프 출력 명령어 상태

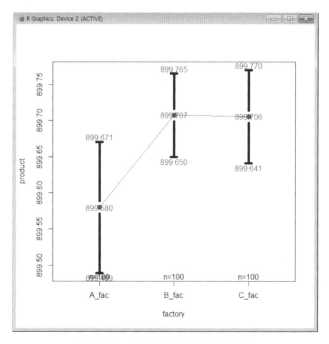

<그림 120> 집단간 평균 그래프 출력 결과

상기의 그림에서 보면 집단간 평균이 A공장은 B, C공장과는 다른
형태로 나타나고 있음을 알 수 있다. B공장과 C공장은 평균이 거의
같은 수준(899.707, 899.706)으로 나타나고 있음을 알 수 있었다.

(4) 사후 검증

세 개 이상의 집단간 평균의 차이를 검증하는 분산분석에서는 검
증 후 반드시 사후검증을 하기를 권고한다. 사후검증을 통해 각 집
단별로 어떤 집단과 유사하거나 상이한지를 파악할 수 있기 때문에
보다 정확한 판단을 할 수 있기 때문이다.

사후 검증을 하기 위해서는 agricolae라는 라이브러리를 추가로
설치한 후 실시해야 한다. 사후검증방법에는 다양한 방법이 있으나
본서에서는 scheffe의 방법을 사용했다. 어떤 방법을 사용해도 사후
검증 결과는 동일하므로 크게 신경쓰지 않아도 된다.

<표 21> 사후검증을 위한 명령어

```
> install.packages("agricolae")  …사전에 설치
> library(agricolae)
> scheffe.test(ano, "factory", alpha=0.05, console=T)
```

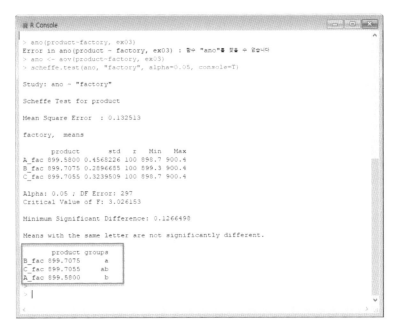

<그림 121> 사후검증 결과

사후검증결과 B공장은 a그룹에 속해 있고 A공장은 b그룹에 속해 있어 전혀 다른 집단인 것으로 나타났다. C공장은 a집단과 b집단에 공통으로 속해 있다.

5.8 상관관계분석

상관관계란 개별 변수들간에 상호 관련성을 보기 위한 것으로 상관분석이라고도 한다. 상관분석에서는 피어슨의 상관계수(Peasrson's coefficient)인 r의 크기를 이용해 상관성의 정도를 파악한다. 1.0이면 완전상관, 0.8이면 강한 상관, 0.6이면 상관이 존재, 0.4이면 약한 상관, 0.4 미만이면 상관이 없다고 판단한다.

본 예에서는 다음과 같은 변수를 갖는 데이터 파일(ex04.csv)을 이용한다. x1부터 y까지는 5점 척도로 측정했으며, x1~x5까지는 만족도를 측정한 문항이다(1점은 매우 불만족, 5점은 매우 만족). y는 재방문 의도를 묻는 질문이다(1점: 전혀 재방문하고 싶지 않다, 5점: 정말 재방문하고 싶다).

<표 22> 상관분석에 사용될 예제 데이터

id. 데이터의 고유번호
x1. 매장 분위기
x2. 제품구색
x3. 동선 편리성
x4. 서비스 품질
x5. 직원 응대태도
y. 재방문 의도

상관분석은 다음과 같은 간단한 과정을 통해 실시할 수 있다.

(1) 데이터 파일 불러오기

상관분석에 사용될 데이터 파일을 불러온다. 예제 파일의 형식이
CSV 형태의 파일이므로 read.csv 명령어를 사용해 데이터 파일을
불러와 데이터 프레임의 형식으로 만든다.

<표 23> 상관분석을 위한 데이터 파일 불러오기

> ex04 <- read.csv('ex04.csv')
> head(ex04) ...데이터의 처음 6번째까지 확인

```
> ex04 <- read.csv('ex04.csv')
> head(ex04)
  id x1 x2 x3 x4 x5 y
1  1  5  4  4  4  5 5
2  2  4  4  3  4  4 5
3  3  4  3  3  3  3 3
4  4  4  4  4  4  4 4
5  5  4  4  4  4  4 4
6  6  3  2  2  2  3 2
> |
```

<그림 122> 상관분석을 위한 예제데이터 불러오기

(2) 상관행렬을 만들어서 상관분석을 실시

상관분석 명령어인 cor 함수를 사용하고, 함수를 사용할 때 상관
행렬(표시는 [ ])값을 구하도록 한다. use 옵션은 측정된 값 모두를

짝을 이루어 분석하라는 옵션 명령어이다. 변수가 많지 않다면 단순하게 cor(ex04)라고 입력해도 분석결과를 제공해준다.

<표 24> 상관분석을 위한 명령어

```
> cor(ex04[c("x1", "x2", "x3", "x4", "x5", "y")],
    use= "pairwise.complete.obs")
```

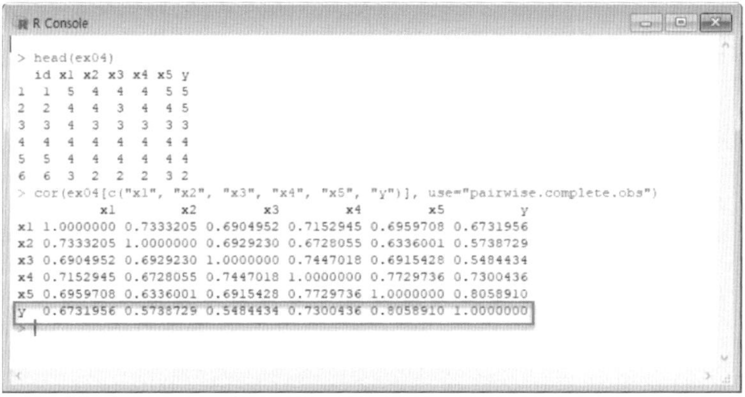

<그림 123> 상관분석 결과

상관분석 결과를 보면 재방문 의도인 y와 가장 큰 상관성을 갖는 변수는 x5(직원 응대태도), x4(서비스 품질) 등의 순서로 나타났다. 이같은 결과를 해석한다면 재방문 고객을 늘리기 위해서는 우선적으로 직원응대태도를 개선하고, 그 다음으로는 서비스 품질을 개선해야 한다.

5.9 회귀분석

회귀분석은 원인변수와 결과변수가 어떤 인과성을 갖고 있는지를 파악하기 위한 분석기법이다. 인과관계는 선형의 함수(linear function)로 나타내며, 이러한 인과함수를 회귀방정식이라고 한다. R제곱(R^2)값은 선형회귀방정식이 종속변수를 얼마나 잘 설명하고 있는지를 나타내는 설명력이다. 본서에서는 회귀분석을 실시하고 선형방정식을 도출하고 나아가 선형방정식의 설명력을 도출하는 과정까지만 설명하고자 한다. 오차를 검증하는 방법과 다중공선성 등의 개념은 전문서적의 참고를 권한다.

(1) 데이터 파일을 불러온다.

본서에서는 앞서 상관분석에서 사용한 예제4(EX04)를 사용한다. 독립변수로는 x1~x5까지를 사용하고 결과변수인 종속변수는 y를 사용한다. 즉, 재방문 의도(y)에 독립변수(x1~x5)가 어느 정도 영향을 미치는지를 분석하고자 한다.

<표 25> 회귀분석을 위한 예제 데이터 확인

> head(ex04)

---

(2) 선형함수모형을 생성한다.

선형함수모형을 생성한 후 summary함수를 이용해 회귀분석결과를 출력한다. 종속변수를 앞에 쓰고, 독립변수는 차례로 + 기호로 연결한다.

<표 26> 회귀분석을 위한 선형모형 생성 후 분석결과 출력

```
> reg <- lm(y~x1+x2+x3+x4+x5, ex04)
> summary(reg)
```

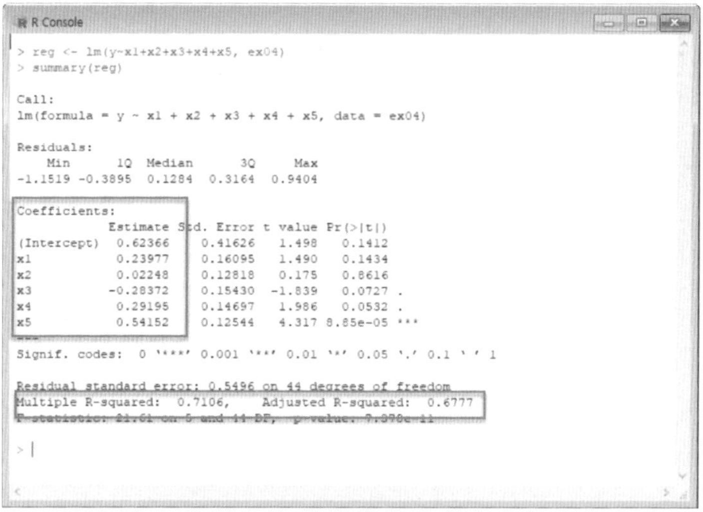

<그림 124> 회귀분석 결과

회귀분석결과를 보면 회귀계수(Estimate)가 나타나 있다. 이들 회귀계수를 이용해 선형회귀방정식을 다음과 같이 구성할 수 있다.

$$y = 0.240x_1 + 0.023x_2 - 0.284x_3 + 0.292x_4 + 0.542x_5 + 0.624$$

선형회귀방정식의 설명력(R제곱, R^2)은 0.7106(71.06%)로 높게 나타나고 있다. 즉, 재방문 의도를 설명하는데 있어 5개의 독립변수가 71.06% 정도 설명하고 있다는 것을 의미한다. 회귀계수가 마이너스로 나타난 x3(동선 편리성)은 음의 영향을 주는 것으로 나타났다. 회귀계수의 크기는 종속변수 y에 대한 영향력의 크기를 나타낸다.

VI. Python을 이용한 데이터 분석

6.1 파이썬으로 데이터 불러오기

파이썬으로 데이터를 다루기 위해서는 기본적으로 pandas와 numpy 라는 도구를 설치해야 한다. 파이썬을 편리하게 쓸수 있는 아나콘다 를 설치했다면 다시 설치하지 않아도 아나콘다 내에 내장되어 있다. import 라는 명령어로 불러와서 사용하면 된다.

사용할 라이브러리는 import 명령어를 통해 불러온다. 라이브러 리를 불러온 다음 데이터 파일을 불러온다. CSV 형태의 파일은 read_csv 명령어를 사용한다. 에디터는 프로그램 에디팅에 편리한 주피터 노트북을 사용했다.

<표 27> 파이썬 쥬피터노트북을 이용한 데이터 처리

> import pandas as pd ...pandas를 pd라는 단어로 줄여서 쓰겠다는 의미
> ex01 = pd.read_csv('c:/rbook/ex01.csv') ...데이터를 불러와 ex01이라는 데이터 파일 로 만드는 명령어
> print(ex01.head( )) ...ex01이라는 데이터를 5개만 출력
> ex01.describe( ) ...기술통계량 출력하는 명령

<그림 125> pandas를 이용해 데이터 불러오고 기술통계량 구하기

명령어를 입력한 다음에는 shift+enter 혹은 ctrl+enter 키를 누르거나 메뉴의 Run 아이콘을 누르면 명령어 바로 밑에 결과가 출력된다. 명령어는 언제나 수정 가능하고, 복사해서 쓸수도 있다.

6.2 집단별 그래프 그리기

먼저 집단별 그래프를 그리기 위해 데이터를 공장, 생산량의 형태로 구성한 다음 데이터를 불러와서 기술통계량을 구한다.

(1) 데이터 불러오기

pandas의 read_csv 함수를 이용해 데이터를 불러온 다음 describe( ) 함수를 이용해 기술통계량을 도출한다.

<표 28> 예제 데이터를 불러와 기술통계량을 산출

```
> import pandas as pd
> ex02 = pd.read_csv('c:/rbook/ex02.csv')
> ex02.describe( )
```

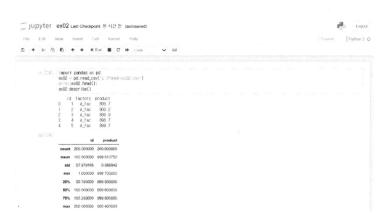

<그림 126> 판다스로 데이터 불러와서 기술통계량 산출한 화면

(2) FacetGrid를 이용해 공장별 생산량 데이터를 그래프로 출력

seaborn 라이브러리를 이용해 FacetGrid 그래를 출력해서 전체적으로 데이터의 분포를 파악한다.

<표 29> FacetGrid 그래프 출력 명령어

```
> import seaborn as sns
> facet = sns.FacetGrid(ex02, col='factory')
> facet.map(sns.distplot, 'product', rug=True)
```

출력된 결과는 다음과 같다.

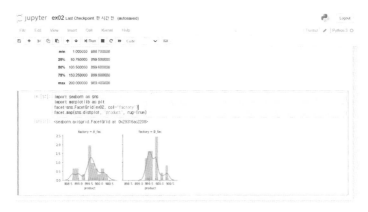

<그림 127> FacetGrid로 출력한 데이터 분포 그래프

6.3 상관분석

파이썬을 활용해 상관분석을 실시하는 것은 매우 간단하게 할 수
있다. 특히 pandas 라이브러리를 이용하면 매우 간단하게 상관계수
를 구할 수 있다.

(1) pandas 라이브러리를 이용해 예제(ex04) 파일을 불러오고 기술통계량 출력

상관분석을 실시하기 위해서는 데이터 프레임이 매트릭스, 즉 행
과 열의 형식으로 정확하게 정리되어 있어야 한다. pandas 라이브러
리를 이용해 데이터를 불러오고 describe( )함수를 이용해 기술통계
량을 추출한다.

```
> import pandas as pd
> ex04 = pd.read_csv('c:/rbook/ex04.csv')
> print(ex04, head()) ...앞에 5개만 데이터 출력
> ex04.describe() ... 기술통계량 산출
```

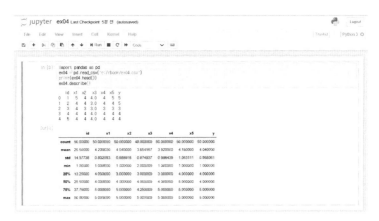

<그림 128> 예제4 데이터 불러오기

(2) corr( ) 함수를 이용해 상관계수 출력하기

상관계수는 독립변수간 상호관련성의 강도를 나타내는 것으로 1.0에 가까울수록 상관성이 높은 것으로 판단한다.

<표 31> corr 함수를 이용해 상관계수 출력하기

```
> ex04.corr( ) ... 상관계수 출력
```

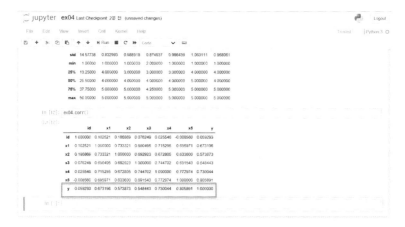

<그림 129> 파이썬을 이용해 상관분석을 실시한 결과

6.4 회귀분석

회귀분석은 원인과 결과간의 관계를 선형함수로 분석하고자 하는 분석기법으로 독립변수의 수에 따라 단순회귀, 다중회귀분석으로 구분한다. 또한 종속변수가 이분형(binomial)으로 되어 있는 경우에는 로지스틱 회귀분석이라고 한다. 본서에서는 회귀분석을 위해 파이썬의 statsmodels 라이브러리를 사용하여 분석했다.

(1) 데이터 불러오기

데이터는 R과 파이썬의 상관분석에서 사용했던 예제4를 이용했다. 독립변수로 x1부터 x5까지 5개가 있고, 종속변수로 y(재방문 의도)가 있다. 변수명은 각각 다음과 같다.

id. 데이터의 고유번호

x1. 매장 분위기

x2. 제품구색

x3. 동선 편리성

x4. 서비스 품질

x5. 직원 응대태도

y. 재방문 의도

<그림 130> 회귀분석 데이터 불러오기 화면

회귀분석을 실시하기 위해 statsmodels를 임포팅한 후 회귀분석을
실시하였다. 회귀분석을 실시할 때 마지막에 반드시 .fit( )를 입력해
야 오류가 발생하지 않는다.

<표 32> 회귀분석 실시명령어

```
> import statsmodels.api as sm
> reg = sm.OLS.from_formula("y~x1+x2+x3+x4+x5", ex04).fit( )
> reg.summary( )
```

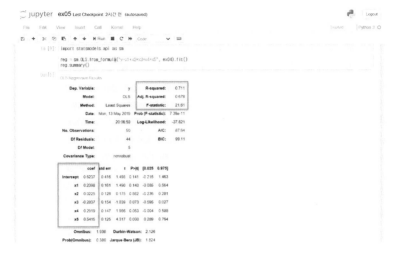

<그림 131> 회귀분석의 결과

    회귀분석의 결과를 보면 설명력(R제곱값)과 수정된 R제곱값 모두 R에서 분석했을 때와 동일한 것으로 느낄 수 있다. 또한 선형회귀방정식을 구성하는 회귀계수 역시 동일하게 나타나고 있음을 알 수 있다. 회귀계수를 이용해 선형회귀방정식을 구성하면 다음과 같다.

$$y = 0.240x_1 + 0.023x_2 - 0.284x_3 + 0.292x_4 + 0.542x_5 + 0.624$$

VII. 엑셀을 이용한 데이터 분석

전 세계적으로 가장 많이 사용되는 오피스용 도구의 하나인 엑셀에는 무궁무진한 기능이 있어 말로 다 설명하기 어려울 정도이다. 그중에서도 일반인이 잘모르는 도구가 바로 통계분석 도구이다. 앞에서 설명한대로 옵션 상자에서 활성화 시킨 다음 사용하면 빅데이터분석 파트너로서 훌륭한 역할을 해줄 것이다.

7.1 분포 파악

엑셀을 이용해 기술통계량을 산출하는 것은 매우 간단하다. 데이터 분석도구를 열고, 기술통계법을 선택한 후 데이터 영역만 설정해 주면 된다.

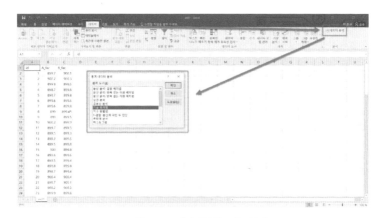

<그림 132> 데이터분석 도구 열기

기술통계법을 선택한 후 데이터 영역을 드래그하여 설정해주고, 첫행 이름표를 체크해준다. 첫행 이름표를 체크하는 이유는 첫행은 데이터가 아니라 구분자, 즉 변수이기 때문에 분석에서 제외하라는 의미이다. 그런다음 새로운 워크시트의 이름에 구분하기 위해 별도의 이름을 지정해주고, 요약 통계량 버튼에 체크하고 확인만 누르면 훌륭하게 분석결과를 제공해준다.

<그림 133> 기술통계법 선택 상장

분석결과를 보면 평균뿐만 아니라 분포의 특성을 나타내는 분산과 표준편차, 첨도와 왜도, 범위, 최소값, 최대값 등 기본적인 분포 통계량을 보여준다. 특히 왜도와 첨도는 데이터의 왜곡현상을 보여주는 통계량으로 분산, 표준편차와 더불어 잘 해석할 수 있어야 한다. 분산과 표준편차가 0에 가까울수록 분포가 평균을 중심으로 모여 있음을 의미한다. 또 왜도가 +일 경우 표본의 대부분이 평균의 왼쪽에 위치하고 있으며, -일 경우에는 데이터의 대부분이 평균의

오른쪽에 위치한다. 첨도의 경우 0보다 크게 나타나면 평균을 중심
으로 뾰족한 형태로 분포가 나타나며, 0보다 작게 나타나면 편평한
분포를 보여준다. 범위는 최대값-최소값을 나타낸다.

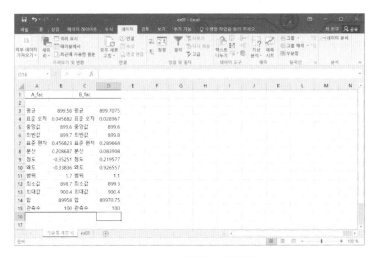

<그림 134> 분석된 기술통계량

7.2 두 집단간 평균의 차이

엑셀에서 두 집단간 평균의 차이를 검증하기 위해서는 두 번의
단계를 거쳐야 한다. 먼저 집단간 분산의 동질성 유무를 판단하기
위해 F검증을 실시하고, F검증 결과를 토대로 t검증을 실시한다.

(1) 집단간 동질성 검증

우선적으로 집단간 동질성 여부를 판단하는 동질성 검증을 실시

한다. 동질성 검증은 데이터 분석 도구의 F검정을 이용한다.

<그림 135> F검증 도구

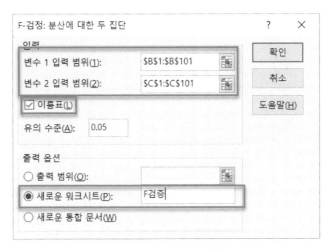

<그림 136> F검증 선택상자

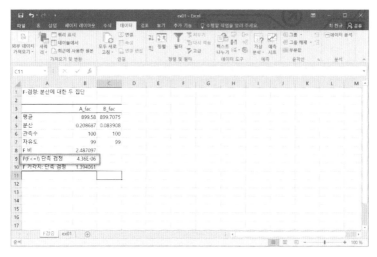

<그림 137> F검증 결과

집단간 분산의 동질성 유무를 판단하기 위한 F검증 결과, 단측검증의 p값이 4.366E-06으로 0.05보다 작게 나타나고 있어 집단간 분산이 동일할 것이라는 귀무가설이 기각되고, 집단간 분산이 다를 것이라는 연구가설이 지지되고 있다. 단측검증의 결과이므로 정확한 판단을 위해서는 그 값에 2를 곱해서 양측검증값으로 판단한다. 곱하기 2를 해도 역시 0.05보다 작게 나타나고 있어 95% 신뢰수준 하에서 귀무가설이 기각되고 연구가설이 지지됨을 알 수 있었다. 가설검증이나 동질성 검증에 대한 추가적인 학습은 전문서적을 참고로 하길 추천한다.

(2) 동질성 검증 결과에 따른 t검증 실시

F검증 결과 A공장과 B공장은 평균은 0.1275 정도로 큰 차이가 없는 것 같으나 실제 검증을 실시한 결과 분산이 다른 것으로 나타나 t검증을 실시할 때 이분산(異分散)을 고려한 t검증을 실시해야

한다. 이분산을 고려한 t검증을 실시할 때는 평균의 차이를 고려하고 나서 검증을 실시해야 한다.

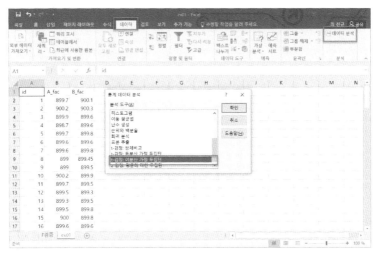

<그림 138> 이분산을 고려한 t검증

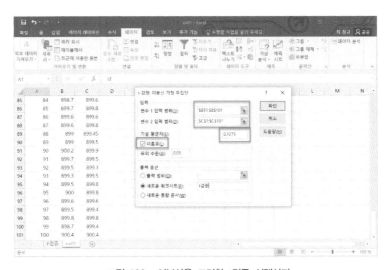

<그림 139> 이분산을 고려한 t검증 선택상자

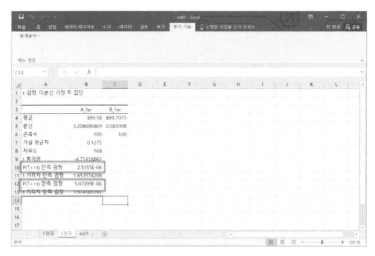

<그림 140> 이분산을 고려한 t검증 결과

집단간 분산의 동질성을 먼저 검증한 후 그 결과에 따라 이분산을 고려한 t검증을 실시한 결과를 보면 마찬가지로 단측, 양측 모두 p값이 0.05보다 작게 나타나고 있다. 따라서 A공장과 B공장의 평균의 차이는 유의한 의미가 있는 것으로 검증되었다. 따라서 관리자는 향후 이러한 차이가 어디에서 기인하는지 이유를 파악해 품질에 차이가 없도록 개선방안을 모색할 필요가 있을 것이다.

7.3 상관분석

엑셀을 이용해 상관분석을 손쉽게 할 수 있다. 데이터 분석도구의 상관분석 메뉴를 이용하면 매우 간단하게 상관계수를 얻을 수 있다. 상관분석은 예제4를 이용하기로 한다.

먼저 데이터를 눌러 우측 상단의 데이터 분석 도구를 선택한다.
선택 후 대화상자에서 상관분석을 선택한다.

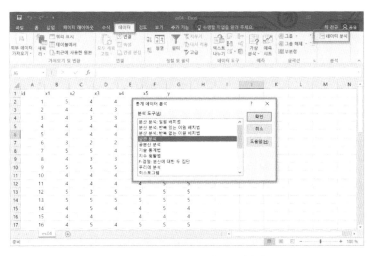

<그림 141> 상관분석 선택 대화상자

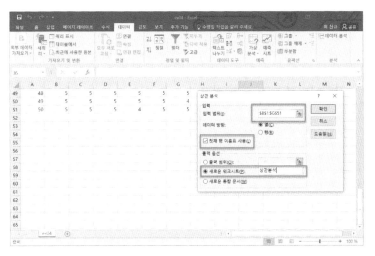

<그림 142> 상관분석 데이터 선택 상자

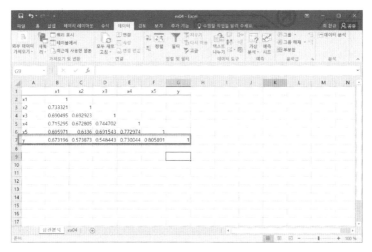

<그림 143> 상관분석 결과

상관분석을 실시한 결과를 보면 R이나 파이썬 등에서 실시한 결과와 동일하게 나타나고 있음을 알 수 있다. 맨 마지막 행에 나와 있는 y와 각각의 독립변수(x1~x5)간 상관계수를 해석하면 된다. 1.0이면 완전상관, 0.8 이상이면 강한 상관관계를 갖는 것으로 해석하며, 0.4미만인 경우에는 상관이 없는 것으로 판단한다.

7.4 회귀분석

엑셀에서의 회귀분석 역시 매우 간단한 절차로 실시할 수 있다. 데이터 메뉴의 데이터 분석도구를 활용해 회귀분석을 실시할 수 있다. 상관분석에서 사용된 동일한 예제(ex04)를 사용하여 회귀분석을 실시하였다. 회귀분석의 목적은 독립변수와 종속변수간 인과성을 파악하는 선형관계를 도출하는 것이 목적이므로 독립변수와 종속변수를 구분하여 사용할 줄 알아야 한다. 본 예에서는 독립변수는 5개(x1~x5)를 사용하였으며, 종속변수는 재방문 의도를 나타내는 y를 사용하였다.

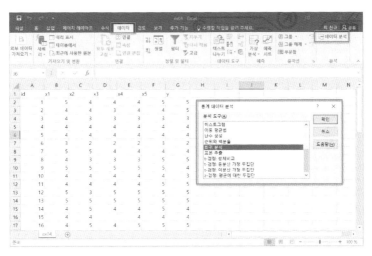

<그림 144> 회귀분석을 위한 대화상자

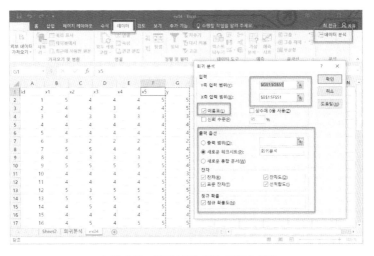

<그림 145> 회귀분석을 위한 데이터 설정

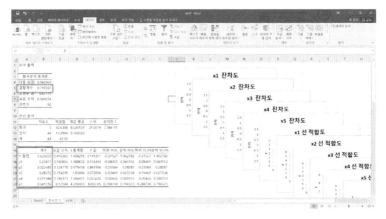

<그림 146> 회귀분석 결과

회귀분석 결과 R, 파이썬에서 분석한 결과와 동일하게 산출되고 있음을 알 수 있다. 선형회귀반정식을 구성하는 회귀계수가 산출되고 있으며, 이를 이용한 선형회귀방정식의 설명력은 0.710597로 71.06%의 설명력을 나타내고 있어 유의한 선형회귀방정식을 나타내고 있었다. 회귀계수를 이용해 선형회귀방정식을 구성하면 다음과 같다.

$$y = 0.240x_1 + 0.023x_2 - 0.284x_3 + 0.292x_4 + 0.542x_5 + 0.624$$

7.5 KESS를 이용한 분석

엑셀의 매크로 프로그램인 KESS를 활용하여 빅데이터분석을 보다 쉽게 할 수 있다. KESS는 엑셀도 훌륭하지만 엑셀이 제공하지 못하는 요인분석, 군집분석 등 다변량분석을 손쉽게 할 수 있도록 도구를 제공해준다. KESS는 서울대학교통계학과에서 개발하고 나중에 숙명여자대학교가 공동 참여하여 개발한 도구이다. 서울대학교 통계학과 홈페이지에서 누구나 무료로 다운 받아 사용할 수 있으며, 매크로 도구를 활성화 시키면 엑셀 메뉴에 '추가기능'이라는 메뉴가 추가적으로 생성되어 KESS를 사용할 수 있다.

KESS는 데이터 영역을 설정하는 엑셀과 달리 분석 시 변수를 선택해야 하기 때문에 데이터 입력 시 A1셀부터 데이터를 입력해야 한다는 점을 잊지 않아야 한다.

본서에서는 KESS를 이용한 몇 가지 분석사례를 제시하고자 한다.

<그림 147> KESS 도구가 활성화 된 상태

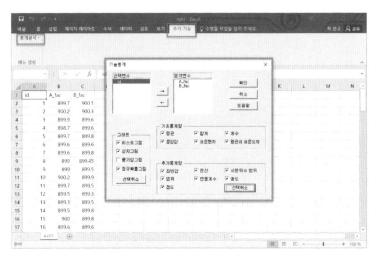

<그림 148> KESS를 활용한 기술통계 분석도구

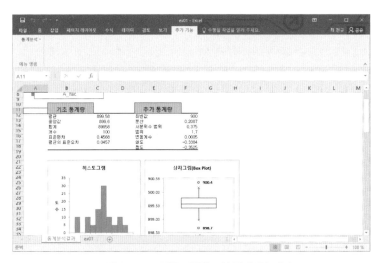

<그림 149> KESS를 이용한 기술통계분석 결과

KESS를 이용해 기술통계분석을 실시하면 기술통계량 뿐만 아니라 히스토그램, 박스플롯, 정규확률도 등을 분석해서 보여주므로 데이터의 분포를 활용하는데 매우 유용하다. 엑셀을 사용하는 사용자들에게 KESS의 사용을 적극 권장한다.

예제4를 활용해 KESS를 이용해 회귀분석을 실시해 보자.

회귀분석 대화상자에서 독립변수와 종속변수를 선택하고, 다중공선성을 진단하기 위해 회귀진단을 누르면 다중공선성 진단을 선택할 수 있다.

<그림 150> KESS 회귀분석 메뉴

KESS를 이용해 다중회귀분석을 실시하면 분산분석표와 모수추정표 등의 결과를 출력해준다. 모수추정표의 계수가 회귀계수를 나타낸다. 결정계수 역시 71.06%로 다른 분석도구를 사용했을 때와 동일하게 나타나고 있음을 알 수 있다. 또한 회귀계수 역시 동일하게 출력되며, 이를 이용한 선형회귀방정식 역시 다음과 같이 동일하게

나타난다.

$$y = 0.240x_1 + 0.023x_2 - 0.284x_3 + 0.292x_4 + 0.542x_5 + 0.624$$

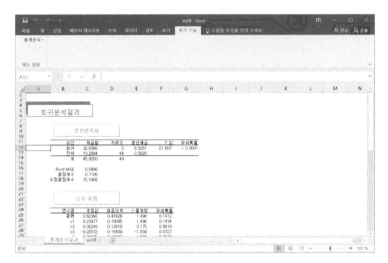

<그림 151> KESS를 이용한 다중회귀분석 결과

VIII. R을 이용한 텍스트 마이닝

8.1 텍스트 마이닝을 위한 사전 설정

텍스트 마이닝을 실시하기 위해서는 우선적으로 가장 기본적인 라이브러리 3가지를 먼저 설치하고 이를 불러와야 한다. 사전 설치가 필요한 라이브러리는 tm, KoNLP, wordcloud 등이며, 필요에 따라 stringr이나 dplyr 등 전처리 도구를 설치할 수도 있다. 여기서 주목해야 할 것은 KoNLP(한글자연어처리시스템)가 제대로 설치, 작동되기 위해서는 사전에 오러클 홈페이지를 방문해 개발자 도구인 Java Standard Edition 도구를 설치해야 한다.

<그림 152> 텍스트 마이닝을 위한 Java 도구 설치

Java 도구를 설치하고 나서 각각의 라이브러리를 호출한다.

```
> library(tm)
> library(KoNLP)
> library(wordcloud)
```

8.2 텍스트 마이닝

(1) readLines 함수를 사용해 텍스트 파일을 벡터변수로 변환한다.

본서에는 박경리선생의 소설 '토지1'편을 사용한다. 파일명은
toji_1.txt 이다.

```
> toji <- readLines(file.choose( ))
```

이렇게 입력하고 엔터키를 치면 현재의 경로 탐색창이 뜨면서 텍
스트 파일을 선택할 수 있도록 한다.

<그림 153> 텍스트 파일 불러오기

(2) 불러온 데이터 확인

불러 온 텍스트 파일이 제대로 불러왔는지를 확인하기 위해 head( )함수를 이용해 20줄만 확인해보자. 토지1부의 글이 용량이 많아 모두를 확인하는 것보다 일부만 확인하는 것도 요령이다.

> head(toji, 20)

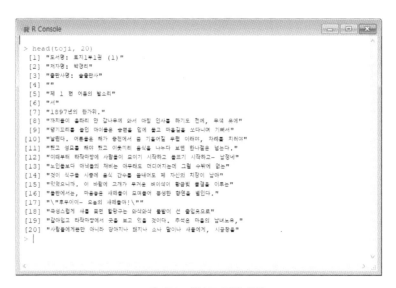

<그림 154> 텍스트 파일 확인

텍스트 파일을 확인한 결과 제대로 불러들여졌음을 알 수 있다.

(3) 불러온 파일에서 명사형만을 추출한다.

텍스트 마이닝은 기본적으로 명사형을 추출하는데 목적이 있다. 명사형을 추출하는 함수는 extractNoun( )함수이다. 구분이 쉽도록 벡터변수에 번호순으로 붙여 구분이 쉽도록 했다.

```
> toji2 <- extractNoun(toji)
```

그림과 같이 명사형이 추출되었다. 한 글자도 있고 두 글자도 있고 그 이상도 있다. 현재는 글자 단위로 잘라서 뽑아낸 상태라 깔끔하지 않다. 나중에 논리식으로 이용해 글자수를 제한해서 뽑아내면 지금보다 깔끔한 상태가 된다.

<그림 155> 명사형을 추출한 결과

(4) 추출된 명사 리스트를 문자 벡터로 변환하고 워드를 카운
    팅하도록 한다.

추출된 명사는 한 글자씩 분리되어 있는 상태가 아니라 아직도
문장 형태로 되어 있다. 이를 리스트 형태라 한다. 그래서 리스트
형태를 문자벡터로 변환하고 카운트를 하도록 한다. 문자벡터로 변
화하는 함수는 unlist( )함수를 사용한다. 문자의 숫자를 세기 위해
table( )함수를 같이 사용했다.

```
> wordcount <- table(unlist(toji2))
> wordcount
```

wordcount 명령어를 입력하면 각 단어들이 몇 번 나왔는지 숫자
를 세어 보여준다.

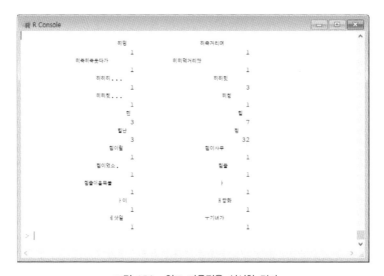

<그림 156> 워드 카운팅을 실시한 결과

(5) wordcount 벡터를 데이터 프레임으로 변환하고 제대로
되었는지 확인한다.

데이터를 정렬하기 위해 기존 wordcount를 데이터 프레임으로 변
환한다. 데이터 프레임으로 변환하는 함수는 as.data.frame이다. 그런
다음 확인해 본다.

```
> df_word <- as.data.frame(wordcount, stringsAsFactors=F)
> df_word
```

데이터의 양이 많기 때문에 head( ) 함수를 이용해 상위 20개만
우선 확인한다.

<그림 157> 데이터 프레임으로 변환하고 확인한 결과

(6) 변수를 사용하기 편리하도록 수정한다.

수정하기 위해서는 **dplyr** 라이브러리의 **rename** 함수를 사용한다. rename을 쓸 때는 새로운 변수명이 앞에 나오고 기존 변수명이 반드시 뒤에 위치하도록 해야 한다.

```
> library(dplyr)
> df_word <- rename(df_word, word=Var1, freq=Freq)
> df_word
```

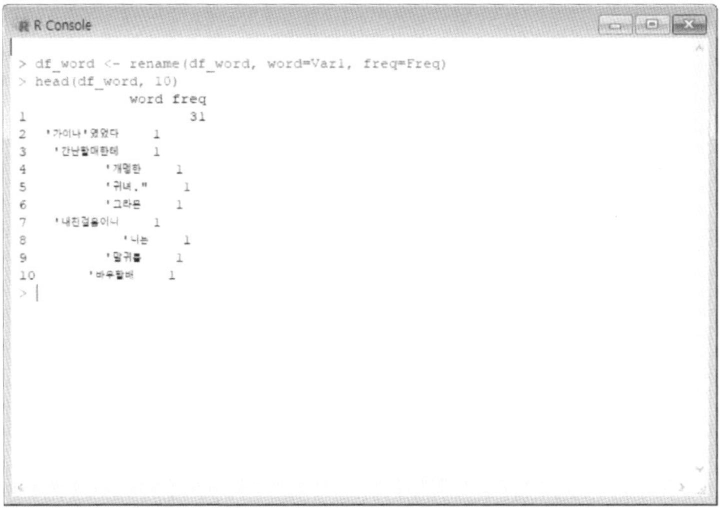

<그림 158> 변수명이 word와 freq로 바뀐 모습

(7) nchar( )함수를 이용해 글자수를 제한하여 추출한다.

nchar( )함수는 number of character를 의미한다. 본서에서는 2글자 이상의 단어만 추출하도록 논리조건식을 사용해서 필터링한다. 필터링할 때의 함수는 filter( )함수이다.

```
> df_word <- filter(df_word, nchar(word)>=2)
> df_word
```

2글자 이상만 필터링되었으며 13,043행이 추출되었다. 추출된 결과는 다음과 같다.

<그림 159> 2글자 이상만 추출된 결과

(8) 향후 플립차트를 만들 상위 20개 단어만 추출해서 별도의
    벡터로 저장한다.

향후에 다른 라이브러리 등을 활용해 플립차트 등을 만들기 위해
상위 20개 단어만 추출해 별도의 벡터로 저장한다. 벡터의 이름은
top20이다. 파이프 연산자(%>%)는 dplyr 라이브러리에 있으므로
dplyr을 불러온 다음에 사용해야 한다.

```
> top20 <- df_word %>% arrange(desc(freq)) %>% head(20)
> top20
```

상위 20개의 단어를 추출한 결과 가장 많이 나온 글자는 토지 1
편에서 327번 나온 '용이'라는 단어였다. 그 다음으로는 '사람'이라
는 단어로 252번 언급되었음을 알 수 있었다.

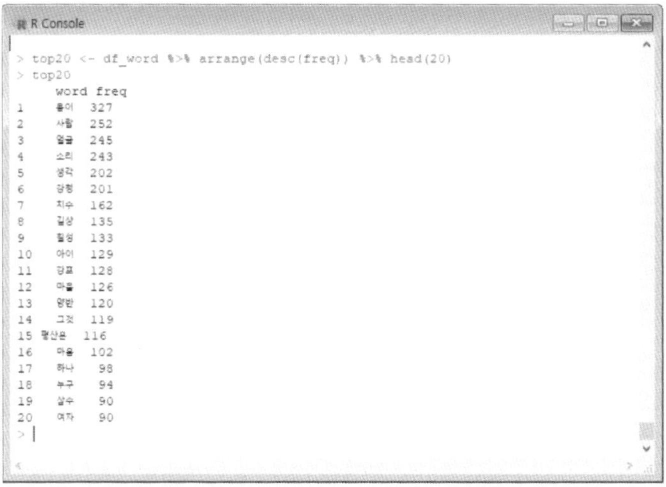

<그림 160> 상위 20개 단어 추출 결과

(9) 텍스트 마이닝에서 사용될 색상 파레트를 지정한다.

텍스트 마이닝 시 글자에 색을 입히는 색상 파레트를 지정한다. 색상의 이름을 알기 위해 display.brewer.all( )함수를 이용해 색상 파레트를 이름과 색상의 수를 확인한다. 그런 다음 색상을 벡터에 저장한다. 본서에서는 pal이라는 벡터 이름을 사용한다.

```
> display.brewer.all( )
> pal <- brewer.pal(8, 'Dark2')
```

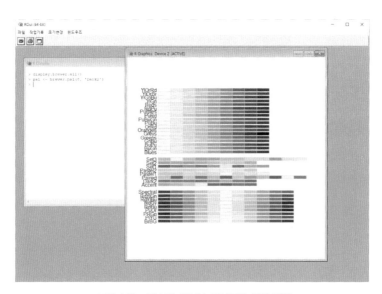

<그림 161> 텍스트 마이닝 색상표와 색상 지정

(10) 텍스트 마이닝을 실시한다.

최소빈도와 텍스트의 이동 여부, 회전 비율, 글자의 크기, 컬러 등
을 지정하여 텍스트 마이닝을 실시한다.

```
> wordcloud(words=df_word$word,
   freq=df_word$freq,
   min.freq=2,
   maxword=100,
   random.order=F,
   rot.per=0.1,
   scale=c(5, 0.3)
   colors=pal)
```

<그림 162> 토지1부를 텍스트 마이닝한 결과

최천규

1990년부터 시작한 경영컨설팅과 산업교육 등을 통해 축적된 다양한 노하우를 이용해 빅데이터분석 및 전략컨설팅을 수행하고 있다. 경영학박사로「빅데이터분석기획」, 「마케팅리서치」, 「SPSS를 활용한 마케팅조사론」등 대학교재뿐만 아니라「주식회사대한민국 미래경쟁력」등 현재까지 총 14권의 저서를 보유하고 있다. 현재 대학과 대학원에서 마케팅, 소비자행동, 경영통계, 고급통계분석 등을 강의하고 있으며, 국내 제일의 산업교육훈련기관인 한국능률협회에서 1994년부터 교수위원으로도 활동하고 있다. 마케팅리서치, 데이터분석법, 빅데이터를 활용한 기획력 향상과정 등 공개강좌를 운영하고 있으며, 기업체 출강, 경영컨설팅, 빅데이터분석컨설팅 등 경영관련분야에서 활발한 활동을 하고 있다. 최근에는 4차 산업혁명의 핵심도구인 빅데이터와 이를 활용한 디지털트랜스포메이션전략과 접근방법에 관한 강의활동을 많이 하고 있다. 본서가 14번째 저서이며, 대표적 저서 및 공저서로 2018년에 출간한「진격의 빅데이터(이담북스)」, 「빅데이터분석기획(와우패스)」, 「NCS기반 경영빅데이터분석(와우패스)」, 「마케팅조사(한얼)」, 「주식회사대한민국(원앤원북스)」, 「마케팅리서치(형설)」등이 있다.

김주원

성균관대학교에서 국제경영학을 전공하고 마케팅학으로 박사학위를 받았다. 성균관대학교 경영연구소 연구원과 경영학부 BK연구교수, 현대중국연구소 수석연구원 및 연구교수를 역임하고 현재 가톨릭대학교 글로벌인문경영연구소 연구교원으로 재직 중이다. 중국시장문화와 내수시장 공략, 비영리마케팅 등에 관한 연구를 수행하며, 마케팅조사방법론, 소비자 행동, 지역문화와 사회탐구 세미나 등을 강의하고 있다. 또한 지속적 경쟁우위의 마케팅 전략수립과 실행, 비즈니스협상전략의 Skill-UP, 판매협상전략, 갈등관리법 등을 특강한 경험이 있다. 최근엔 제4차 산업혁명시대 글로벌 인문 경영의 이해와 적용, 빅데이터 활용과 소비자 행동 예측, 중국소비자 등을 연구 중이다. 저서로는『진격의 빅데이터』가 있다.

빅데이터
비즈니스
블루오션

초판인쇄 2019년 1월 21일
초판발행 2019년 1월 21일

지은이 최천규 · 김주원
펴낸이 채종준
펴낸곳 한국학술정보㈜
주소 경기도 파주시 회동길 230(문발동)
전화 031) 908-3181(대표)
팩스 031) 908-3189
홈페이지 http://ebook.kstudy.com
전자우편 출판사업부 publish@kstudy.com
등록 제일산-115호(2000. 6. 19)

ISBN 978-89-268-8714-1 93320